我国户外教育
理论体系建构及实践研究

钱俊伟　著

人民体育出版社

图书在版编目（CIP）数据

我国户外教育理论体系建构及实践研究／钱俊伟著．--
北京：人民体育出版社，2022（2024.1重印）
ISBN 978-7-5009-6161-1

Ⅰ.①我… Ⅱ.①钱… Ⅲ.①体育锻炼－体育教育－
研究 Ⅳ.①G806

中国版本图书馆 CIP 数据核字（2022）第 035898 号

*

人 民 体 育 出 版 社 出 版 发 行
天 津 画 中 画 印 刷 有 限 公 司 印 刷
新 华 书 店 经 销

*

710×1000 16 开本 10.75 印张 185 千字
2022 年 3 月第 1 版 2024 年 1 月第 2 次印刷

*

ISBN 978-7-5009-6161-1
定价：59.00 元

社址：北京市东城区体育馆路 8 号（天坛公园东门）
电话：67151482（发行部） 邮编：100061
传真：67151483 邮购：67118491
网址：www.psphpress.com

（购买本社图书，如遇有缺损页可与邮购部联系）

序 言
PREFACE

　　随着休闲时代的来临，我国户外教育迎来发展机遇。本研究通过文献资料法、访谈法、问卷调查法、案例分析法、德尔菲法等方法，对国内外户外教育进行研究分析，按照户外教育理论体系建构的应然问题，到现阶段我国户外教育实践开展的实然分析，再到户外教育实践案例的应然状态的研究思路，得出以下研究成果。

　　第一，通过比较分析、归纳总结，研究国内外关于户外教育的发展异同，梳理户外教育及周边信息，并归纳推理出大教育观下的户外教育概念。户外教育是指一切在户外、与户外相关、为了户外的体育教育行为。此概念主要从与体育学相关的探险、冒险、体验式、休闲、健康的身体运动科学和体育教育学的角度分析得出，具有普遍的指导意义。

　　第二，户外教育的理论体系。以人本主义哲学观和户外需求理论为出发点，在大教育观和终身教育思想指导下，以自然教育、建构主义教育和体验式教育为主要教育思想，以自我与他人教育，正式与非正式教育，正规与非正规教育，社会教育、学校教育与家庭教育为存在形式，在教学要素（目标、内容、参与者、环境、方法、评价与反馈）和保障要素（安全、政策、组织和人文）支持下，最终实现个人全面发展和人与自然和谐发展的教育目标，进而实现素质教育，促进教育改革。

　　第三，我国现阶段的户外教育三位一体的实践路径。社会户外教育由行业协会、专业户外机构、民间个人与团体、个人自学与单位自导和户外文化及其他组成，其覆盖面和影响力最大。学校户外教育以课程、社团、赛事、活动和科研的形式存在，并形成一个良性的户外教育生态圈和有生命力、有活力的自组织。家庭户外教育主要有家庭内部的前喻、后喻和并喻的教育形式，以及家庭外部的亲子户外教育。家庭户外教育是最薄弱的环节，是我国户外教育和户外运动生活化的主要制约因素。

第四，户外教育的案例研究。本研究通过一个长达一年的准实验教学项目，以质的分析和定量统计相结合的案例研究方式，呈现了户外教育的具体教学实践情境，并实证了本研究提出的户外教育理论体系的有效性。

钱俊伟

目　录
CONTENTS

绪论

第一节 选题依据

一、经济转型发展

随着我国经济快速发展 40 余年，各项事业有了前所未有的发展机遇，要想经济更好更快地发展，我们也面临着一系列的发展方式和经济结构的深刻变化和调整。尤其是人均 GDP 的增加、中间阶层的增加、教育的新发展、产业结构的新调整和城镇化率的快速提高等，都要求各行业的科学健康发展与经济的可持续增长形成联动，户外教育更是新常态下迅猛发展的一个热点话题。

2011 年，我国的 GDP 总量已超过日本，位居世界第二，人均 GDP 也有很大的突破。中经数据网站显示，2020 年我国人均 GDP 为 1.14 万美元。有研究表明，当人均 GDP 水平达到 5000 美元以上时，人们对健康和精神的消费支出将有显著的提高；当人均 GDP 达到 6000 美元以上时，这个国家将进入休闲时代。美国在 20 世纪 60 年代，欧洲在 20 世纪 70 年代，日本在 20 世纪 80 年代都经历了这个过程[1]。2014 年，包括北京、天津、上海、浙江、江苏、内蒙古、广东和福建在内，全国已有 3 个直辖市和 5 个省份迈入了"人均 GDP 1 万美元俱乐部"。按照国际经验，人均 GDP 迈入 1 万美元是一个重要的门槛，这既意味着经济社会发展进入一个新的阶段，也意味着转型升级的压力加大。据国家统计局 2021 年的报告，我国 2021 年已达成人均国内生产总值（GDP）1.25 万美元的目标，超过了 2021 年世界人均 GDP 1.21 万美元。

---

[1] 黄吉乔. 论深圳居民消费结构升级与产业结构调整趋势 [J]. 开发研究，2011（1）：65-67.

尤其是大中城市，将有更多市民成为中间阶层。2015 年的社科院统计显示，北京的中间阶层规模比例大约是 55%，上海大约是 51%，广州大约是 42.5%。在休闲生活方面，如旅游这个指标上，无论是境内还是境外旅游，中间阶层的旅游次数都是非中间阶层的 2 倍，中间阶层国内旅游在 6 次以上，非中间阶层只有 3.5 次。根据文旅部发布的《2020 年国内旅游数据情况》，受新型冠状病毒肺炎疫情影响，2020 年度国内旅游人数 28.79 亿人次，比 2019 年同期减少 30.22 亿人次，下降 51.2%；国内旅游收入 2.23 万亿元，比上年同期减少 3.50 万亿元，下降 61.1%。旅游已成为中国人休闲生活的关键词，相信在新型冠状病毒肺炎疫情结束后，旅游业将迅速回暖。

有研究表明，当人均 GDP 为 6000～10000 美元时，每年国家对于基础教育的财政性经费将会达到 4%，基础教育教师队伍逐渐扩张，其中私立基础教育的教师数量增长迅速，基础教育生师比显著下降。然而，目前，我国整体教育的财政投入还不足 4%。在家庭成员的教育活动方面，中间阶层的家庭成员教育活动更为多样，课内学习没有什么显著差异，但是在参与重要活动方面，中间阶层的成员显著高于非中间阶层。

当前，我国服务业的增长快于工业，根据国家统计局《2021 年四季度和全年国内生产总值（GDP）初步核算结果》，第一产业全年 GDP 83086 亿元，第二产业全年 GDP 450904 亿元，第三产业全年 GDP 609680 亿元，占 2021 年全年 GDP53% 以上。有统计数据显示，第二产业 GDP 增长 1%，可增加就业 100 万人，而现在服务业每增加 1%，可新增就业 170 万人。西方发达国家的第三产业占 GDP 的比重可多达 70% 以上，2017 年美国第三产业增加值占全美国 GDP 总和的 81%，该年美国第三产业就业比重占全美国劳动力的 85%。

联合国开发计划署发布《2013 中国人类发展报告》指出，中国只用 60 年的时间就实现了城镇化率从 10% 到 50% 的提升。同样的转变，在欧洲用了 150 年，在拉丁美洲则用了 210 年。当前，我国正在大力推进城镇化建设，预计到 2030 年，中国将新增 3.1 亿城市居民，届时，中国城市人口总数将超过 10 亿，中国城镇化率将达到 70%。

人均 GDP 的增长，产业比重的转变，第三产业首次超过第二产业和第一产业总和，意味着服务业的发展和闲暇时间的增多，中间阶层的城镇人口增加，都为户外运动的蓬勃发展、户外运动生活化、户外教育的系统全面发展提供了良好的经济基础。

二、生态文明建设

"世界上最远的距离，是牵着你的手却看不到你的脸。"有了对雾霾的切肤之痛，才会更加渴望和珍惜蓝天；有了对生态环境严重恶化的清醒认识，才会更加坚定保护生态环境的决心和行动。2015年底，厄尔尼诺现象进一步加剧了雾霾的影响，北京、河北、河南等地区出现了大面积的严重污染和红色预警，人们身在其中，总会产生一种压抑和受挫的感觉。经济发展所带来的环境污染的阵痛期，使人们重新审视经济建设和生态文明建设的关系，环境教育、环保教育、生态教育、户外教育被提高到重要位置。

党的十七大以来，关于生态文明建设的众多法规条例出台，人们渴望的APEC蓝、阅兵蓝成为常态，这青山绿水本应该是自然而然的存在。2013年4月，习近平在海南考察时指出，"良好生态环境是最公平的公共产品，是最普惠的民生福祉"。建设生态文明是关系人民福祉、关乎民族未来的长远大计。我们既要绿水青山，也要金山银山。宁要绿水青山，不要金山银山，而且绿水青山就是金山银山。面对资源约束趋紧、环境污染严重、生态系统退化的严峻形势，必须树立尊重自然、顺应自然、保护自然的生态文明理念，把生态文明建设放在突出地位，融入经济建设、政治建设、文化建设、社会建设等方面，努力建设美丽中国，实现中华民族永续发展[1]。

当前，我国经济总量已跃升为全球第2位，人均GDP超过7000美元，面对生态问题日益突出的严峻形势，党的十八大又把生态文明建设提到与经济建设、政治建设、文化建设、社会建设并列的位置，形成了中国特色社会主义事业"五位一体"的总体布局，着力构建生态文化体系[2]。生态文化是树立和形成生态文明理念的基础，如果说生态文明是大厦，那么生态文化就是大厦的地基。要培育崇尚自然的文化，摒弃人类破坏自然、征服自然、主宰自然的理念和行动，构建人与自然平等、和谐共生的关系，树立热爱自然、尊重自然、顺应自然、保护自然的生态文明理念，丰富生态文化载体；要通过构建生态文化体系，广泛普及生态知识，使人与自然和谐共生的理念成为社会主义核心价值观的组成部分，成

---

[1] 靳瑞林. 大力建设水生态文明 促进经济可持续发展 [J]. 山西水利，2013，29（4）：3-4.
[2] 牛建锋. 陕西省生态林业建设的现状与策略分析 [J]. 北京农业，2013（21）：88-89.

为全社会的主流道德观[1]。

2015 年，《中共中央关于制定国民经济和社会发展第十三个五年规划的建议》中指出，"坚定走生产发展、生活富裕、生态良好的文明发展道路，加快建设资源节约型、环境友好型社会，形成人与自然和谐发展现代化建设新格局，推进美丽中国建设，为全球生态安全作出新贡献"。这是延续中华文明的历史责任，也是对国际社会的庄严承诺。农耕文明时代，平原最值钱，工业文明时代，沿海最值钱，现在到了生态文明时代，山岳最值钱。让更多的公民意识到，并切身理解生态文明建设的重要意义，教育是最好的形式，户外教育也应当仁不让地承担起这份历史使命。

三、教育的发展

在党和国家提出的新时代教育工作的根本方针的指导下，结合我国教育现况，今后很长一段时间，都要将终身教育思想、大教育思想、全人教育、素质教育、创新教育、基于移动互联技术的"互联网+教育"作为教育改革和发展的重点。

党的十八大报告明确提出了"全民受教育程度和创新人才培养水平明显提高，进入人才强国和人力资源强国行列，教育现代化基本实现"的目标。党的十九大报告明确提出了"建设教育强国是中华民族伟大复兴的基础工程，必须把教育事业放在优先位置，深化教育改革，加快教育现代化，办好人民满意的教育。要全面贯彻落实党的教育方针，落实立德树人根本任务，发展素质教育，推进教育公平，培养德、智、体、美、劳全面发展的社会主义建设者和接班人"。

终身教育是 20 世纪 60 年代在国际上出现的一种教育思潮，它对国际教育改革产生了重要的影响。在面向 21 世纪教育振兴行动计划中，全面实施终身教育作为一项行动目标被提出来，要求有一个一体化的系统[2]。教育体系一体化是终身教育论的中心思想，也是各国实施终身教育的共同趋势。《国家中长期教育改革和发展规划纲要（2010—2020 年)》提出，"构建灵活开放的终身教育体系。发展和规范教育培训服务，统筹扩大继续教育资源。鼓励学校、科研院所、企业

［1］赵树丛. 中国林业发展与生态文明建设［J］. 国土绿化，2013（7）：5-8.
［2］邱立民，钟宇红，田地. 研究型大学成人教育发展策略的思考［J］. 高教研究与实践，2011，30（4）：75-78.

等相关组织开展继续教育。加强城乡社区教育机构和网络建设，开发社区教育资源。大力发展现代远程教育，建设以卫星、电视和互联网等为载体的远程开放继续教育及公共服务平台，为学习者提供方便、灵活、个性化的学习条件。搭建终身学习'立交桥'。促进各级各类教育纵向衔接、横向沟通，提供多次选择机会，满足个人多样化的学习和发展需要。健全宽进严出的学习制度，办好开放大学，改革和完善高等教育自学考试制度。建立继续教育学分积累与转换制度，实现不同类型学习成果的互认和衔接"[1]。

由于移动互联技术的发展，以时空作为教育存在形式的划分模式将逐渐被打破，强势的学校教育将受到更多社会教育和家庭教育的冲击，甚至三者出现高度的融合。大教育思想也将深入各个领域，尤其是当前正规教育体系中处于劣势的教育类别，可能会发挥后发优势，实现弯道超车的迅猛发展。户外教育就是一个教育发展的潜力股和绩优股。我国处于户外教育理念缺失和户外教育环境缺乏的时期。2015 年两会期间，中国登山队队长王勇峰在提案中建议加快我国青少年户外教育体系建设，加大经费保障力度，加强师资队伍建设及课程体系的研发和建设，同时加快青少年户外活动营地的建设。这个关于青少年户外教育的提案引起了全社会的关注，一些社会知名人士从关注户外运动到关注户外教育，将极大地推动户外教育的快速发展。搭乘我国教育发展的新风势，户外教育将迎来发展的春天。

四、体育行业的发展

随着经济的发展、社会文化的进步，体育行业迎来了历史上最好的发展机遇。以市场为主导的体育产业，大动作不断。巨资涌动的体育产业，就在 2015 年一年里，无论是 NBA、西甲、中超、奥运会等大型知名赛事的版权被国内公司购买垄断，还是万达收购注资世界级体育巨头盈方和世界铁人公司，动辄融资百亿的体育基金，在"互联网+体育"概念下发展起来的智能可穿戴设备和移动互联下的赛事转播权，以及国内 10 余家体育公司的挂牌上市等，都让我们看到了体育产业的强劲发展。

以政府为主导的行政层面，出台颁布《国务院关于加快发展体育产业促进体

[1] 中共中央 国务院. 国家中长期教育改革和发展规划纲要（2010—2020 年）[M]. 北京：人民出版社, 2010：10-11.

育消费的若干意见》(国发〔2014〕46号,以下简称46号文件)和《国务院办公厅关于加快发展生活性服务业促进消费结构升级的指导意见》(国办发〔2015〕85号,以下简称85号文件),将全民健身列为2016年七大任务之首,以及拿下2022年冬季奥运会的举办权等举措,都在努力地为体育产业和体育事业的快速发展扫清障碍,指明方向。尤其是2014年10月22日,国务院下发的46号文件,将体育产业发展上升到国家层面,国家在进一步稳增长、调结构、促改革、惠民生的发展大背景下,把体育产业作为调整经济结构的六大措施之一来安排,意义重大。文件出台后,全国31个省级政府已经全部按要求出台了实施意见,围绕46号文件贯彻落实,截至2015年底,已出台15份配套文件,另有8份配套文件已经形成初稿。据统计,全国31个省(区、市)在2025年体育产业规模的目标值合计超过7万亿元。

发展体育事业和产业是提高中华民族身体素质和健康水平的必然要求,有利于满足人民群众多样化的体育需求、保障和改善民生,有利于扩大内需、增加就业、培育新的经济增长点,有利于弘扬民族精神、增强国家凝聚力和文化竞争力。因此要大力推动群众体育与竞技体育协同发展,促进体育市场繁荣有序,加速形成门类齐全、结构合理的体育服务体系,重点培育健身休闲、竞赛表演、场馆服务、中介培训等体育服务业,大力普及健身跑、自行车、登山等运动项目,带动大众化体育运动发展。

为更好地贯彻落实党的十八届三中全会关于"强化体育课和课外锻炼,促进青少年身心健康、体魄强健"的精神,引导和帮助大学生激发参加体育锻炼的积极性、形成良好的体育锻炼习惯、提升身体素质,并从中磨炼坚强意志、培养良好品德和拼搏精神,共青团中央、教育部、国家体育总局、全国学联于2013年联合下发《关于深入开展大学生"走下网络、走出宿舍、走向操场"主题群众性课外体育锻炼活动的指导意见》。类似"三走活动",学校教育部门也响应号召加大了群众体育运动、阳光体育运动等活动的开展力度。在众多开展的体育健身活动中,户外运动成为新宠,深受学生、家长和学校的热爱,促使学生们走出校门、走到户外、走进大自然开展体育健身和户外教育活动。

五、户外运动的发展

近些年,体育蓬勃发展,户外运动正处在风口,逆势而上,顺风飞翔。国家体育总局发布的《2014年全民健身活动状况调查公报》显示,2014年我国城乡居民中有 33.9%（含儿童青少年）经常参加体育锻炼，比 2007 年增加了 5.7 个百分点，户外健步走超越广场舞、跑步等其他热门健身项目，成为排名第一的健身运动形式，54.6% 的 20 岁及以上体育锻炼人群选择户外健步走的健身运动方式。而 2003 年 7 月，《中国群众体育现状调查结果报告》显示，登山在体育人口活动项目中位列第 7。国家国民体质监测中心发布《2020 年全民健身活动状况调查公报》，据统计，2020 年我国 7 岁及以上居民中经常参加体育锻炼人数比例为 37.2%，比 2014 年增加 3.3 个百分点。调查显示，健身项目呈现人群差异性，儿童青少年以跑、跳和球类运动为主，成年人和老年人多选择健步走和跑步。此外，成年人和老年人骑车、跳绳、打羽毛球、登山的人数比例较 2014 年有所增加，健身内容向多元化发展。

有报道显示，截至 2014 年，全国通过各种渠道登记的户外俱乐部超过 3.5 万家，其中通过中国登山协会登记备案的俱乐部有 200 多家，每年通过俱乐部参与户外运动的人次累计超越 2 亿。此外，还有户外达人自发组织户外探险，他们志同道合、共同参与，达人的属性使这类活动较为高端且小众。由于越来越多的家庭式、生活化的户外参与未能被统计，今后这将是一个更巨大的数字。

中国户外品牌联盟有限公司（COA）的调研结果显示，有 1.3 亿人开展徒步旅行、休闲户外等泛户外运动（占总人口的 9.5%），有 6000 万人进行登山、攀岩、徒步等户外运动（占总人口的 4.38%）。两项调查都显示，在中国已有 1/10 人口的户外运动爱好者。有户外权威机构预测，2015 年户外体育人口已达 1.3 亿，估计 5 年后，将达到 6 亿人。

从 5000 万到 1.3 亿，中国户外运动参与人数实现翻倍只花了不到 5 年时间，借鉴西方发达国家的发展经验，户外运动人群最终可以占到国民总人口的一半乃至 2/3，预计未来十年中国户外运动人群规模将实现几何级增长。美国户外基金会（OIF）出炉的《美国 2013 年户外休闲参与报告》显示，2012 年美国户外运动参与人口（6 岁以上）创自 2006 年调查以来之最，总人数达 1.419 亿，占美国总人口的 49.4%。巨大参与规模带来的市场产能更是惊人，全国户外产业市场规模在 2000 年仅为 6000 万元，2002 年接近 3 亿元，2005 年突破 10 亿元大关，2015 年市场总额实现了 170 亿元的井喷式增长。据相关权威部门预测，中国户外产业这座“金矿”的潜在储量将超过千亿元。

以冬季滑雪类户外项目为例，2022 年北京冬奥会的成功举办，将成为体育产业崛起的重要催化剂。尤其是冰雪产业，自 2000 年之后的十多年间，我国滑雪场从 50 家发展到了 500 多家，滑雪者从 30 万人次发展到 1500 多万人次。张家口崇礼滑雪的人数每年以 30% 以上的速度高速增长。按照国际惯例，滑雪旅游每收入 1 美元即可拉动社会收入 78 美元。有专家预测，未来仅北京和河北市场，就会涌现 1700 万滑雪爱好者，这将直接为雪场带来 280 亿元的营业收入。2022 年 1 月官方发布数据显示，我国参与冰雪运动的人群已达 3.46 亿人，这一最新数据足以支撑专家的相关预测。

六、户外教育的发展

越来越多的家庭、学校和社会认识到户外教育对于青少年成长的价值和意义，并采用户外环境、户外活动、户外运动等手段作为载体来完成素质教育。户外教育的大力发展，顺应了当前教育改革的需求，随着"有钱、有闲、有趣、有人"时代的来临，户外教育将会得到更大的发展。"有钱"是指经济发展给国人带来了巨大的物质财富，人均 GDP 逐年增长，城市中间阶层增加；"有闲"是指我国向以服务业为主导的经济结构转型，国家法定节日逐渐增多，退休老龄人口增加等；"有趣"是指随着国人对于自由和人的解放的不断追求，以及多年来普及和发展的户外产业的影响，更多人群都有了热爱户外、喜爱运动的兴趣爱好；"有人"是指 2016 年"二孩"政策全面放开、人口红利逐渐回归、学校教育加入、老龄化社会到来等。户外教育具有的多元性、开放性、包容性、生态性、遁世性等特征，将以一个独立业态的方式得到更具外延性和专业性的发展。

第二节　研究目的

通过本研究，笔者希望能够在国内系统性地探究户外教育的理论体系，梳理我国户外教育开展的实践路径，通过案例研究来展示户外教育体系的价值意义。此外，希望本研究对户外教育行业发展有指导意义。

第三节　研究意义

一、理论意义

一直以来，户外教育的从业者比较擅长户外知识、技术和实际操练，缺少对户外教育深层的哲学观、教育思想的探析，难免在实践中走弯路。笔者根据自身在户外教育业界从业 12 余年的经验，访谈众多国内外的专家学者和一线的从业人员，参照其他教育体系的建构范式，尝试性地对我国的户外教育从理论层面进行审视和分析。这将对户外教育领域开展进一步的相关理论研究具有积极的指导和借鉴意义。

二、实践意义

本研究根据长达一年的户外教育实践，采用质的研究方式，对户外教育进行剖析。通过户外教育实践体系的三位一体实践路径、质的研究方式展开的户外教育案例分析，对户外教育的开展、普及和推广具有示范意义。

第四节　研究创新点

本研究避免以学校教育为本位来谈户外教育，而是在大教育的概念下，在整个社会大情境中来讨论，避免主观偏颇。开展户外教育研究要源于体育，而又走出体育，参照国外先进经验。本研究提出的大教育视角下的户外教育观和三位一体的户外实践路径具有一定的创新性。

文献评述

第一节　户外运动研究综述

笔者通过 ERIC、PQDT 和 CALIS 等多个数据平台，查阅有关户外运动的文献资料发现，国内户外运动的概念，在国外很少有能够直接对应的词语，国外主要采用户外活动、户外休闲、户外探险等户外教育领域，尤其是以户外休闲（1114 篇）、户外教育（842 篇）的论文最多。综合而言，我国的户外运动主要从体育的视角阐述，放在国外的研究视域中，只是户外教育中的一种侧重于运动项目、身体技术的分支而已。

随着户外运动发展的日趋红火，国内关于户外运动的研究已非常成熟，比如通过中国知网搜索发现，以"户外运动"为题名的博士论文共 3 篇，硕士论文 125 篇，普通期刊论文成千上万篇。这些关于户外运动的国内文献主要集中在户外运动、户外运动在高校的开展、户外俱乐部、户外运动的教育功能、户外运动的安全、户外运动课程的设置、户外运动中各个项目开展的可行性分析和现状调查。

与国外的研究相比，国内对于户外运动的研究具有典型的中国特征。国内的运动或教育划界明显，多以具体的、分割明确的学科和项目开展运动或教学活动，学科之间交叉互动少，综合活动类课程少。户外运动的研究多是从纯粹的体育视角、以竞技体育为原点，来认识户外运动的每个项目，较少从生活方式、生活技能、全民健身、休闲娱乐的角度探讨。

这与我国户外运动的发展历史有关，可追溯到我国的户外运动开始的元年。20 世纪 50 年代，中国登山队攀登高海拔雪山并取得辉煌的攀登成绩，因此，户外活动给国人一种高水平竞技和高挑战的刻板印象。而西方的一系列人与自然的活动更注重生活化、教育性、娱乐性等特点，是自下而上的民间自然而为的发展，不是采用竞技体育的思维方法，因此，户外活动以一个综合体的形式呈现在全社会面前。

随着这些年大家对于户外活动、户外运动的教育功能的不断重视，户外运动也开始呈现生活化、教育化、融合化的特点。国内关于户外运动的界定也更加清晰，但是这些概念更接近于国外的户外教育。

第二节　户外教育研究综述

一、国外户外教育发展研究

（一）美国

20 世纪初户外教育和休闲组织相继成立，比如美国营地协会。与此同时，户外探险俱乐部也快速地在全美的高校里迅速发展起来。1930 年，教育者开始认识到户外教育的价值，并将其引入到主流教育中。1930～1945 年，美国经历了两个较大的历史事件：经济大萧条和第二次世界大战。这两个事件间接地促使了户外教育引入公共学校体系。学校的户外教育发挥了刺激经济增长和解决社会问题的功能，并逐渐发展为服务于多种教育目标的手段和载体。经过这一时期的发展，户外教育呈现多样化，一些专业教育期刊开始关注并热议由此带来的教育课程改革等。

1951 年劳埃德·伯吉斯·夏普发起成立了户外教育协会，1955 年朱利安·史密斯组织了一个全国性户外教育项目，用于推广和传播户外教育理念。三年内，有超过 3500 名来自 28 个州的学校教师参加了这个项目。1958 年，第一次全国会议在华盛顿召开，由美国健康协会体育和休闲分会举办，吸引了 125 位大学管理者、教师、环保者、休闲专家及来自专业机构和政府组织的代表。会议主要聚焦在户外教育中的教师和胜任力提升方面，在高校开设户外教师培养课程方面达成了共识。1960 年，第一届全国户外教师教育会议在伊利诺斯州州立大学举行，户外教育的学术研究由此开展起来，户外教育的多样化和高校户外探险俱乐部的发展仍在继续。

1960～1965 年两个重要事件的发生，对于户外教育的未来和方向具有持续性影响。1962 年，杰克·迈纳创建的科罗拉多拓展学校，将户外冒险探险教育带到了户外教育体系中。随后几年，陆续有拓展学校在各州成立。拓展训练的发展标志着美国的户外教育进入新的时代，他们能提供成百上千种标准化的户外冒险教育课程。由拓展训练而来的四个教育组织：美国户外教育学校（NOLS）、探险项目（PA）、荒野教育协会（WEA）和体验式教育协会（AEE），对美国的户外教育影响深远。

1965 年的《中小学教育法案》要求，在公立学校里增强和提高教育质量及教育机会。法案提出对户外教育的资金投入，大大促进了户外教育的发展，并促进对身体有残障的学生开展户外教育的试验。

20 世纪 60—70 年代，美国《国家环境政策法》《荒野法案》《环境教育法》和地球日等相继出台，环境成为户外教育发展的关注点。户外教育融合扩展了更丰富的教育目的，包括了环保、社会交往、智能、体能和价值观，并开始用于一些以治疗、辅导为主题的项目。

到了 20 世纪 90 年代，以休闲为主题的户外教育活动也开始迅速发展起来，户外教育不再只是中产阶级的专属。1994—1995 年的调查显示，超过 1/3 的美国人参加各种类型的户外休闲活动。由于户外探险教育和户外休闲活动的迅速发展，需要更多专业的领队和指导员，高校也相继开设了户外教育专业来满足市场需求。2001 年的统计数据显示，全美有 50 所高校开设了户外领导力教育专业方向，学生们通过系统学习，可以获得户外协会、本科、硕士或博士学位。

美国的户外教育受到社会、政府的普遍关注，从民间到官方都采取各种方式促进户外教育发挥更多功能，随着时代发展，不断完善，不断融入新的主题，满足社会需要。

从户外教育的学术文献分析，Web of Science 以美国户外教育为主题的检索结果在 2000—2022 年期间发表的成果有 471 篇。本文通过系统性关键词搜索策略（（outdoor education）OR（outdoor learning）OR（adventure education）or（adventure learning）（Topic）and UK（Topic）' with the regions of 'UK, Scotland, Wales, and England'）。美国近 20 年中该领域研究重心最集中的领域先后为：环境科学生态学、教育研究、公共环境职业健康和心理学。

就研究成果而言，该领域的出版文献数量在 2010—2016 年期间存在一定程度的波动，但从 2017 年开始呈现明显的递增趋势，并在 2021 年达到顶峰，美国在户外教育领域的研究和时间似乎并未受到疫情导致的制约影响。值得注意的是，美国户外基金会（Outdoor Foundation）在 2014 年调查报告显示：2013 年美国年轻人参与户外锻炼总次数达 50 亿次，所占比率为 40.3％；6~12 岁阶段的青少年参与率呈现稳步上升趋势，13~18 岁阶段的青少年参与率保持稳定状态。然而该机构 2021 年的报告数据却显示 2020 年儿童和年轻人参与户外活动的参与频次呈现明显的下降趋势。这似乎意味着户外教育研究的趋势与户外教育的实际社会影响似乎存在一定的参差。

（二）英国

英国是最早发展户外教育的国家，早在 1907 年，罗伯特·贝登堡就发起成立了以侦查、野外生存能力为培养目标的青少年户外教育组织。在英国，传统上讲，户外教育仅仅指有一定体能挑战和风险的户外活动。然而，现在发生了改变，户外教育已经成为一种工具或方法，通过具有挑战性的活动和环境，促进青年人的个人、社会和环境三方面素养的发展。

虽然政府投了大量的资金鼓励青年人加入一些户外机构，来培养青少年的自我约束、忠于国家和体制的品质，但是户外和冒险教育仍然不是正式课程的一部分。户外教育通常是学生利用业余时间自愿参加。户外教育在英国的学校教育中，仍然是课外课程。

2006 年，英国面临肥胖问题日益严重，青少年群体的活动水平逐步下降，父母开始担心孩子们的健康及数字技术的发展给其带来的不良影响。工党政府认识到户外教育将有益于儿童的福祉，并实施了新举措，以为年轻人提供广泛的课外体验。

随着时代的发展，英国户外教育的概念从最初的户外教室的设定正在转向充满诸多不可预知元素的大型户外娱乐场所。然而，大量实践及研究证据表明，户外教育正在呈现"短时间、高刺激"体验的趋势，这与当前在英国学校从事户外教育领域的教师数量减少存在一定的关系。然而这种"持续时间短、兴奋程度高"的体验虽然在宣传上强调户外探险的刺激性并不涉及真正的实质性探险。

英国户外委员会（English Outdoor Council，EOC）作为户外教育体系的统筹机构，视户外教育为一个让学生与教师能够同时完全沉浸在教学之中的户外课程体系。英国教育体系中，从中学到大学，均对户外教育较为注重，给予学生更多的户外学习选择，如爱丁堡大学等著名高等学府，均设立了独立的户外教育部门，协调各种户外教育活动与经费，将其纳入学校的教育体系之中。

英国户外教育为学生提供了更多的选择，成为学校教育体系的重要组成部分，随着时代不断发展，发挥了重要教育价值。

从户外教育的学术文献分析，Web of Science 以英国户外教育为主题的检索结果在 2000—2022 年期间发表的成果有 145 篇。本文通过系统性关键词搜索策略，发现近 20 年期间研究最多的领域是教育研究、心理学和环境科学生态学。自 2010 年以来，该领域的出版文献数量稳步递增，在 2020 年达到顶峰，并在 2021 年呈现下降的趋势，这可能是受到全球新冠肺炎大流行和英国国内封锁措施的影响。

（三）日本

日本的户外教育理念有更多的环境特征，其环境教育比户外冒险教育更发达。日本的户外教育有文部省和国家层面的法律法规的保障，最出名的就是 1961 年由教育部批准的《体育振兴法》，这是一个典型的针对初中学生的户外教育计划。日本的户外教育之父饭田博士，于 1970 年毕业于美国的宾夕法尼亚州立大学的户外冒险教育专业，他利用自己的专业背景，推动了日本户外教育的发展。1980 年在日本自然学校发展史上留下重要的一笔。当年东京建成迪士尼乐园及很多大型游乐园，任天堂的电子游戏风靡一时，游乐园或游戏机占据了孩子们的童年。1980 年，日本的环境公害日益严重，许多自然保护团体涌现，为了吸引更多公众参与，于是开始了自然观察及体验活动。1982 年，广濑先生创办了自然学校（Whole Earth）；1983 年，川岛先生在 KEEP 协会成立了环境教育部；1983 年，佐佐木先生进入电视台，开展孩子的户外体验活动。几个互不认识的机构，在同一个时代背景下，做了同样的事情。随后，更多自然学校成立，零星的组织各自为政。直到 1987 年，第一次清里会议召开，这是日本自然学校网络建立的起步。目前，在日本比较有规模的自然学校有 3700 多所。这些自然学校拥有能够提供优质环境教育、体验大自然的各种设施和野外活动场所，有专业的指导员和项目运作人员，并且常年实施各种以体验自然和环境学习为主题的项目，通过体验式环境教育活动，重建人与自然的深层联系，促进保护环境的自觉行动，培养绿色公民的社会氛围。日本最大最早的自然学校 Whole Earth 注重生活体验、自然体验和社会体验。栗驹高原自然学校成立于 1995 年，创始人佐佐木先生是冒险教育专家，栗驹高原的自然体验活动以野外教育和冒险教育为主要特色。

日本的户外教育协会于 20 世纪 90 年代成立，现有几百名会员，并创办有全国性的杂志，举办专业的会议和培训。在 2001 年由政府支持的一个学术报告会，邀请了来自欧洲、美国和澳大利亚的专家分享各自国家开展户外教育的经验和介绍对年轻人的影响。日本人对自然和户外的敬畏、尊重做到了极致，他们关于户外技能、生存急救能力、团队精神、环境意识的学习，都融入到以环境或生存能力为主题的森林教育、社会服务教育当中，并有很好的发展。日本的学校从幼儿园、中小学到大学都开设丰富多样的户外教育课程，或组织各式各样的户外教育活动。户外是日本人的生活方式，周末以家庭为单位的远足、露营活动、滑雪等非常普及，社会上也有成千上万的俱乐部为成年人的户外活动搭建了多样的平台。

查阅到的与日本户外教育相关的文献中显示，日本户外教育研究关注自然、环境、存活等主题，探索户外教育在培养儿童爱护自然、保护环境意识方面起到的作用，以及增强其在自然环境中生存能力的价值。部分研究关注野外文化活动对青少年的社会教育意义，森田勇造作为民俗学家、野外活动家是其中的代表学者，他积极组织、探索各种青少年野外文化活动，到世界各地考察、访问、交流，出版专著，在户外教育领域具有一定影响力。日本文部科学省侧重于研究户外学习等体验活动对于学生成长的影响，包括提升交流能力、课题解决能力、学习成绩等。日本国立青少年教育振兴机构关注户外学习等体验活动对儿童成年后的结婚、生育产生的影响，结果显示儿童时期多参与户外学习等体验活动对成年后的结婚、生育有正面促进作用。此外，也有部分研究关注户外教育对人际关系的影响、户外教育中的安全问题等。日本的户外教育研究适应社会发展实际状况和需求，深受日本的历史文化、民族特性、地理位置、自然环境特征、资源禀赋影响，具有深刻的现实意义。

（四）新加坡

新加坡人口较少，绝大部分青少年接受的是 10 年义务教育，因此，户外教育以学校为最基本组织单位，然后把学校按区域划分管理。其他国家则更注重于分区域进行组织，这样更能吸纳各年龄层的人士，但较缺乏纪律性。

新加坡户外教育贯穿学前、小学、中学、高中、大学及之后的各年龄层，为人们提供了一个较有规划的户外学习与实践方案，通过各种鼓励措施，激发参与者追求自我的户外技术升级和对户外实践的乐趣。1999 年，新加坡的教育部专门成立了户外教育团队，主要为新加坡的学校提供援助和指导，并协助实施户外教育和冒险项目。户外教育团队开展课程，培养教师胜任户外冒险课程领队，这些课程更注重采用营地教育和冒险教育。

2011 年户外教育成为新加坡课程的一部分，旨在让所有学生获得户外生活技能的基本知识，培养保护环境的知识和态度，进而促进学生终生追求户外体育休闲。2014 年，在文化、社区和青年部（MCCY）/ 教育部（MOE）的联合务虚会上，政府部门将户外教育确定为培养学生 21 世纪能力的关键领域，并于 2016 年公布了国家户外探险教育（NOAE）总体规划。该规划打算让所有中学生在新加坡拓展训练课程中体验为期五天的以探险为基础的户外课程，旨在加强新加坡青年的自我效能、复原力、社会凝聚力和公民责任感。

新加坡户外教育主要通过学校教育实现，建立了贯穿各年龄段人群的户外教育方案，便于户外教育有计划地广泛开展。

从户外教育的学术文献分析，中国知网以新加坡户外教育为主题的检索结果有 18 篇，其中以"户外教育"为题名关键词的共 7 篇。对这些文章进行分析研究发现，关于新加坡户外教育在国内的研究热潮从 2016 年开始逐渐发展。户外教育研究的阶段主要集中在中小学。此外在英文文献中，Web of Science 关于新加坡户外教育的搜索结果为 21 篇，从 2017 年逐渐呈现研究数量上升趋势，2021 年最多。而研究领域则相对集中在计算机科学、教育研究、沟通与工程。

二、中国户外教育发展研究

户外教育在我国的发展历史悠久。于 20 世纪初，在我国香港和台湾地区，户外公益类组织依托丰富的山岳资源、海洋资源和对外交流的优势，开展多种多样的户外教育项目，并促使户外教育逐渐进入到学校教育体系。其中在中国香港，户外教育在学校领域得到很好的开展，有超过 800 所中小学开设户外冒险活动课程。香港教育局定义户外教育是由学校管理者或教师制定和管理，有教师带领的户外活动，为确保户外活动的安全，教育局制定了户外活动指南，用于对学校管理者和教师的活动进行指导。根据活动指南，户外教育课程包括徒步、探险、野营、定向越野、自行车、野外旅行、冲浪、划船和皮划艇。尽管香港大多数孩子会在学生时期拥有户外经验，但有研究者质疑它们的教育价值。虽然有多种户外项目，但其教育内容较少和体验性较低，因为体验学习的结果通常是教练预设的而不是学生积极主动体验的。随着户外教育的发展，香港户外教育管理和户外教师培训也得到长足的发展。但香港的户外教育发展还存在一些问题，忽略体验学习和中国传统文化的差异，课程逐渐倾向于短而易的发展，课程设计和实施的低标准等。在中国台湾，户外教育纳入了学校九年基础教育的综合活动课程体系，进入正规课程体系，后来慢慢在高校发展成立了户外教育专业方向，培养户外教育相关方向的人才，进一步促进了户外教育行业的发展。

从 20 世纪八九十年代，随着改革开放，社会进步经济发展，民间户外登山活动兴起。一些高校学生自发成立了登山队，以社团活动的形式挑战这项勇敢者的运动，并在社团的带动下，各高校陆续开设一系列的户外类课程，以北京大学为例，1989 年学生自发成立北大山鹰社至今，已经开设了攀岩、拓展、定向、徒步、骑行、户外探索等户外教育类课程。在高校和行业协会的带动下，户外教育已成为当前青少年国内研学旅行的重要内容，也成为基础教育阶段的学生综合活动类课程的主要内容，此类课程所呈现的敬畏自然、和生命、环保和安全理念、吃苦耐劳和团队精神很好地落实课程思政的立德树人价值。

在我国户外教育发展到今天，从功能上来讲，可以分为五类：娱乐、教育、发展、治疗和成就。娱乐性户外教育改变人们的感觉，主要目的是娱乐、激励或者教授技能。教育性户外教育课程改变人们认识方式，主要目的是带来认识和理解。发展性户外教育课程改变人们行为的方式和习惯，改善功能性的行为。治疗性户外教育改变人们的不良行为，主要目的是减少不正常的行为。成就性户外教育课程打造极致的户外成就的个人和团队的最优体验，并将成就经验潜力到人生长河中。

从户外教育的学术文献来分析，中国知网以户外教育为主题的检索结果只有44 篇，其中以"户外教育"为题名关键词的，只有 19 篇。对这些文章进行分析研究发现，户外教育的研究热潮从 2010 年开始快速发展，可见表 1。户外教育研究的主题主要集中在高校、国外、青少年、营地等，其中有关青少年、营地、理论的研究呈上升趋势，可见表 2。

表 1 以"户外教育"为主题的文章数量与发表年代的关系表

发表时间/年	1991	2000	2001	2006	2007	2008	2010	2011	2013	2014	2015
论文数量/篇	1	1	1	1	1	1	5	2	8	9	14
合计						44					

表 2 研究内容、发展趋势的数据比较表

研究内容	高校	国外	营地	理论	青少年	生态环保	旅游	课程与教学	师资
论文数量/篇	128	8	8	6	5	5	4	2	1
发展趋势	平	平	升	升	升	平	降	平	平

注：统计时，有的文章可能涵盖两个主题，比如国外高校户外教育的开展就包括高校和国外。

户外教育专家孙辉博士在其论文中认为，在国外，尤其是西方发达国家对以教育形式出现的户外运动活动的研究历史久远，理论基础深厚，没有简单地用"户外运动"一词来表示这类教育活动，而是用"户外教育（Outdoor education）"这个专用词来表示，并且在实践上，国外也将在学校和其他教育机构开展的户外活动称为"户外教育"。基于国人对于户外运动的过度强调，而弱化了户外教育的普及、推广及正确的认识，因此户外教育无论是理论研究方面还是实践操作层面，都远落后于户外运动。

而类比国外对于户外教育的宽泛认识，考虑到与户外教育相关或相近的研究也是户外教育的研究，那么分析文献可发现，国内这类研究主要集中在拓展训练的功能、户外教育教师培训体系、户外教育在高校的实现、户外教育中某地区中学的实践体系、青少年户外教育等。从研究的学科上来讲，与户外教育相关或相近的研究也主要集中在体育层面，极少部分的文章从环保和生态教育、社会教育、科学教育等综合交叉学科的角度来研究户外教育。而国外却恰恰相反，主要是从多学科角度切入研究，很少从体育活动本身来研究。

从不同的学科角度进行研究，将是我国户外教育研究的主要发展方向。比如马翼虹的硕士论文《美国当代中小学户外教育实践模式研究》主要介绍了美国中小学的户外教育实践情况，从教育学角度出发，将户外教育定义为比较宽泛的范围，包括地理、数学、天文、植物、生活、健康和体育等众多学科，结合户外环境设置课程、模式和评价。

综合以上文献资料，发现户外教育在各个国家和地区基于当地情况的不同，开展的模式也各有特色，不过一些普遍性的发展规律还是值得我们认真总结，并用于指导我国户外教育的发展。比如，户外教育都是由社会机构发展起来，而后进入学校课程体系，学校逐渐开设户外教育专业方向；随着社会和经济发展，所关注的主题也从求生、技能、人格培养到环境保护、社区服务、特殊人群等；出发点也不仅是体育、心理、教育、管理、环境，而是众多学科领域的融合，但都重视身体积极参与的户外活动；学校户外教育的大力发展都需要有国家层面的法律法规、资金支持等。这些发展现状和特征的分析，对于本研究构建我国户外教育理论和实践路径有重要的借鉴意义。

第三节　户外教育体系的综述

利用西文文库，查阅国外大量英文文献，以"outdoor education"和"system"为主题或题名进行查阅，并没有找到有关户外教育体系的研究。

户外教育体系的国内研究方面，在中国知网以"教育体系"为题名的关键词搜索，只有 16 篇博士论文，研究时间主要集中在 2004～2014 年；以"教育体系"为主题的论文有 564 篇；以"户外教育体系"为题名的论文 0 篇；以"户外教育体系"作为主题或关键词的论文只有 1 篇，即 2014 年 3 月孙辉在《体育文化导刊》上发表的《我国高校户外运动发展研究》。尽管没有户外教育体系的研究，但是有关创业教育体系、职业教育体系、终身教育体系、现代教育体系的研究众多，尽管这些研究并没有统一的范式，通常是各个元素有机的、系统的组合，并参照传统的划分方法、但是每篇论文的侧重点不同，因此呈多样化的趋势。比如赵金昭博士在其论文《我国高等职业教育体系与培养模式研究》中建构高等职业教育体系图，见图 1。

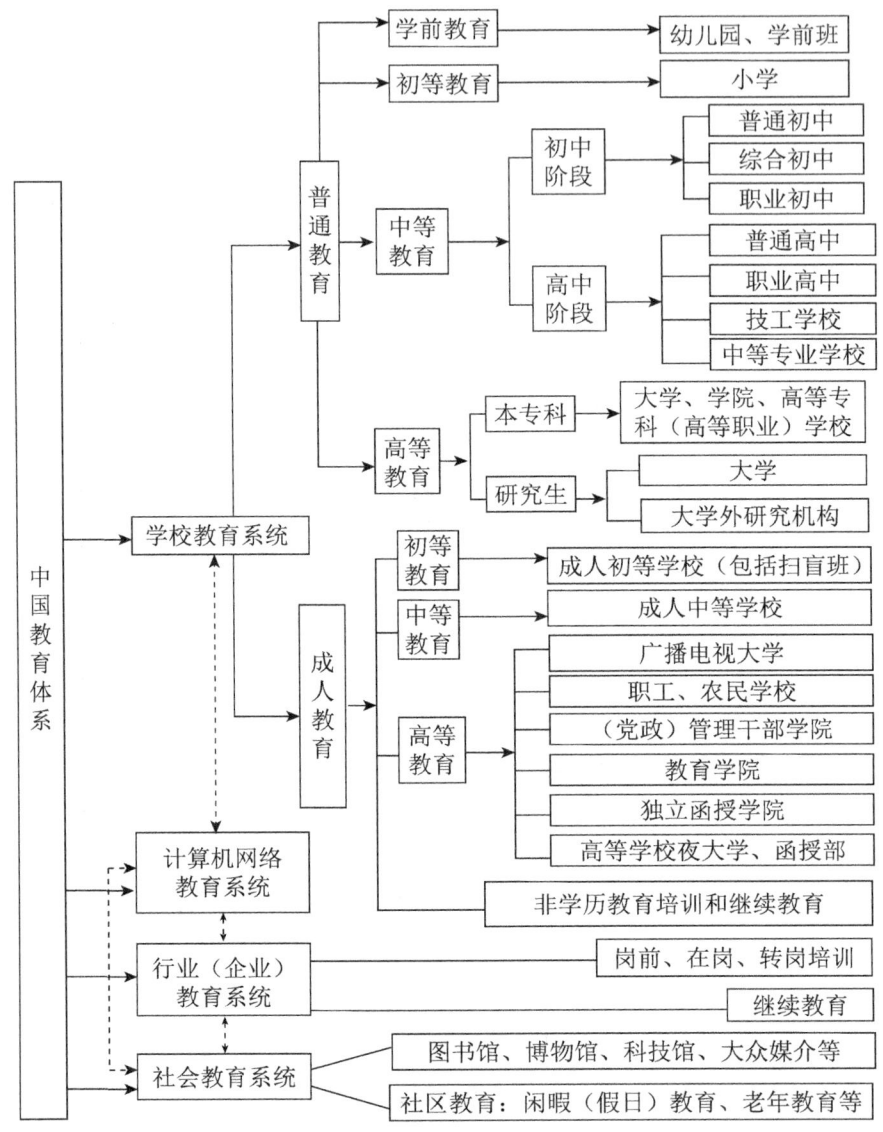

图1 中国高等教育体系图

在进行教育系统的建构研究中，有一些文章以自然科学中的系统工程或现代系统科学作为建构模型的理论支撑，采用自然科学的范式研究流动性的社会科学问题，虽然使体系本身的建构具有科学性，但使科研路径成为了重点，而对于教育中的系统分析略有弱化。如闫智勇的博士论文《现代职业教育体系建设目标研究》认为现代系统科学，教育系统是一种典型的信息系统，引入现代系统科学来研究现代职业教育体系。

有学者认为"广义的理论"是指一系列具有内在联系的范畴的体系或命题的集合，是关于特定领域或对象的系统化知识。本研究的重点在于户外教育理论体系的构建，侧重于探讨概念界定、哲学观、教育思想、存在形式、教育目标、教学要素和保障要素等多层面知识的系统有机建构，结合户外教育实践路径的梳理，从而呈现出完整的户外教育体系。

中国学者的研究注重体系建设，这与我们中国的研究哲学观有关。我们偏重于整体性，而西方的研究偏重于个体和局部深度思考。中国的教育体制研究侧重于政治、制度、规章建设领域，而西方的研究侧重于心理学和教育学方面。其实研究思维方式的差异源于东西方思维模式的差异，思维模式的差异铸就了东西方人本思想的不同特色。在几千年中国传统文化的影响下，中国人形成了东方式的思维模式，习惯于从事物的整体到个体，即从宏观到微观地分析。中国人在书写信封地址的时候，往往从国家开始，逐步写省、市、区、街道，而西方人则恰恰相反，他们要从区开始，逐步扩大行政区域[1]。中国画以写意为主，注意整体的布置和整体态势的把握，并不注重细节真实，西洋画则以写实为主。中医诊治侧重于人体整体的分析，强调辩证治疗，而西方医学则以人体解剖为基础，强调对症治疗[2]。国内外，关于户外教育体系研究的空缺，也正是本研究的重要意义所在。本研究关于理论和实践体系的建构，参照教育领域中其他惯用的体系模式，以及业内专家的建议，并结合本项目特点，通过归纳总结、逻辑推演而成。

第四节 已有研究分析

一、国内文献特点

国内已有研究处于户外教育领域研究的初级阶段。研究的内容较为笼统，以对户外教育的概述和整体介绍为主，实证和实践的研究较少；研究的广度大，但深度浅；研究方法以理论分析、定性研究、量的研究和问卷调查为主，缺少案例研究、质的研究。

二、国外文献特点

(一) 研究主要集中在户外教育，户外运动研究较少

国外的户外教育是一个较大的教育领域，不仅局限于户外冒险教育、体验式教育、户外休闲、荒野教育、拓展训练等侧重于身体活动层面的活动和教育，更关注环境教育、环保教育、社会教育、公民教育等综合学科。

(二) 研究的领域和深度更趋于成熟

近些年，国外研究的热点主要集中于从心理学、教育学和社会学角度，分析户外教育对于成人、青少年的自我概念、自我效能、社会适应性、团队表现等的影响，也从人口学、心理治疗等角度来分析户外教育的功效，又有部分研究是从教育学、教学论的角度来评估和架构户外教育课体系等。

(三) 研究方法趋于多样

国外对于户外教育的研究方法包括了问卷调查、观察法、访谈法、德尔菲法、质的研究、案例研究等，其中比较擅长使用案例研究、访谈法和质的研究。

三、国内外研究的综合分析

国内研究的概括能力强，注重概略性研究，但是具体实践和实证研究不足，而国外研究恰恰相反，论据充分，实践实证方法丰富多样。国内外关于户外教育的概念梳理都不是很清晰，在国外，人们对于户外教育的刻板印象不断被冲击，有不少于20种与其相关的概念，而国内目前还相对简单，但是也存在较为混乱的现象，对于这些相关概念进行梳理和界定很必要。各国户外教育的不同主要由社会环境、文化习惯等决定，各个国家和地区各具特色的户外教育都有广阔的生存天地。本研究立足于中国国情，科学借鉴各国优点，发挥后发优势，架构出适合我国国情的户外教育体系。

四、对本研究的启发

我国所普遍界定的户外运动，均是在国外户外教育的概念之下，只是国外不仅重视体育本身，而且更注重关于人、社会、环境及三者关系的教育价值。

　　通过梳理各国户外教育发展的历史文献，基本把握了户外教育发展的基本规律，这对于我国户外教育体系的建构具有理论和实践参考意义。

　　通过比较分析众多关于户外教育定义的研究，老题新解，提出大教育观下的户外教育的广义和狭义概念，与笔者即将展开的大教育观指导下的我国户外教育体系的建构思路高度一致，这为接下来的研究做好充分的铺垫。

　　通过国内外文献资料分析发现国内外的户外教育体系建构研究处于空白的状态，使研究的意义大增。

第三章
CHAPTER 3
研究对象与研究方法

第一节　研究对象

本研究以我国户外教育理论及户外教育的实践为研究对象，剖析户外教育的基础理论和户外教育实践的路径。

第二节　研究方法

一、文献资料法

在 ERIC、PQDT 和 CALIS 等多个数据平台，对 Outdoor recreation、Outdoor adventure education、Outdoor education、Outward bound、outdoor sports、Nature education、Experiential learning、Wilderness eduction 等与本文密切相关的英文词汇，通过搜索引擎进行搜索，查阅国外（主要涉及美国、英国、日本、新加坡等国家和地区）及我国香港、台湾相关文献资料。

通过对户外教育、户外运动、探索教育、自然教育、体验式学习、拓展训练、教育体系等主要词汇在 CNKI 中国知网学术期刊库、万方数据资源系统和维普中文科技期刊等电子数据库进行文献搜索查阅，检索出与本研究相关的期刊论文、博士论文、硕士论文、研究报告等国内论文资料。

通过北京大学图书馆进行教育体系、家庭教育、社会教育、学校教育、体验式教育、建构教育、非正式教育、以人为本、自我教育、杜威、卢梭、马斯洛、皮亚杰、西方教育思想史等相关图书的查阅与借阅，收集与本研究相关的基础理论支撑资料，通过对 50 余本专著图书的阅读，基本建构出理论体系的初步模型。

通过国内外电子资料和国内图书资料的全面搜集，获取了有关户外教育理论较为系统的文献资料，通过对文献资料的学习、挖掘、整理、创造性的思维加工，为本研究的思路确定、撰写与创新奠定了坚实的理论基础。

二、访谈法

访谈法为本研究提供了翔实的事实依据，为户外教育体系的实践路径的撰写打下坚实的基础，是本研究中非常重要的研究方法。

笔者的实地访谈主要分为三个方面：第一，对北京市、天津市知名俱乐部、国内部分著名户外基地和景区、国内部分高校进行了实地考察，了解户外教育实践的真实状态；第二，笔者于2015年底参加了中国登山协会在张家界举办的全国首届户外指导员交流大会，有200余人参会，与业内人士进行了深度交谈，并考察体验了户外教育基地及课程建设等；第三，笔者于2015年底参加了在江苏昆山举办的2015年全国登山户外运动行业交流活动暨第十四届全国登山户外运动俱乐部年会，参会人员300余人，对中国登山协会的领导、俱乐部管理者、优秀的户外领队和户外教师进行访谈，获取一手研究资料。

三、问卷调查法

问卷调查法主要用于户外教育体系的多个实证研究。本研究根据不同的调查对象，设计和引用相关的问卷，严格检验信度和效度，并通过纸质版问卷和百度问卷星等线上问卷的形式发放问卷。

在进行案例研究的同时，以准实验的问卷测量为辅助，其中采用了笔者编制的《参与QT项目家长问卷调查》一份和北京大学心理学系教授王垒和童佳瑾编写的《青少年自然领导力问卷测试》。此问卷探索并确立了42个条目的青少年领导力八因子结构："思维主见""兴趣积极""宽容正直""影响效果""专注自律""能力特长""经验积累""沟通能力"，八因子的内部一致性信度和效度较好。而《青少年感知注意力问卷测试》则是借鉴国外量表，进行翻译修正后使用。研究中，家长填写了家长问卷，QT实验组成员采用自然领导力和感知注意力问卷进行前后测，以及对照组的后测。

四、案例分析法

笔者对主持开展长达一年的户外教育实验项目——户外教育与青少年自然领

导力培养项目（项目代号"Quality Time"，以下简称"QT"），采用质的研究与准实验研究相结合的方法进行研究。

笔者与北大附小官方合作，采用随机抽样与方便抽样相结合的综合式抽样方法，选取 10 位小学生，其中男同学 6 位、女同学 4 位（其中有一位男同学，在参加项目 2 个月后退出），同时为了保证教学项目方便实施，还采用了同质抽样的方式，选取的学生均是小学五年级，出生于 2003—2004 年的学生。这些学生参加笔者亲自主持的户外教育实验项目，项目执行时间为 2015 年 2 月至 2016 年 1 月的 2 个学期 36 周课程，合计 400 学时，课程表可详见附录 6。

质的研究是教育科学中近些年较为常用的一种研究方法，以研究者本人作为研究工具，在自然情境中采用多种资料收集方法，对教育现象进行整体性探究，通过归纳分析资料形成理论，并通过与研究对象的互动，对其行为和意义构建获得解释性理论的一种活动。

本研究采用的是质的研究中的案例研究，笔者以户外教师的身份，在项目中扮演了从参与者的观察者到观察者的参与者的角色，完全沉浸到教育实践中，与学生、家长融为一体，收集访谈、感想、观察资料的记录累积达 10 万字。本案例分析的行文范式以类属分类为主、情境分析为辅，与全文保持一致性，而不是完全采用质的研究的扎根理论的研究范式。

准实验的量化研究采用问卷测量法，具体办法详见上文的问卷调查法介绍。由于被试样本量太少，以及被试选择并不是随机抽样，因此本案例研究主要以质的研究方法为主线，问卷测量的方法为佐证。

另外在学校户外教育部分，也采用了以北京大学为案例的分析方法。

五、德尔菲法

德尔菲法主要用于户外教育理论体系建构、实践路径、实践要素和实践保障的研究，即函询调查法。用通信的方式向有经验的专家提出问题和必要的背景材料，然后把他们答复的意见进行综合修订，再反馈给他们，如此反复进行直到意见一致[1]。

本研究的专家团组成：中国大陆 13 位、中国台湾 1 位和新加坡 1 位，共 15 位户外教育、教育专家或行业主管，其中具有博士学位 7 位，教授 5 位，副教授

---

[1] 张文娟. 山西省高校教师绩效评价体系研究 [D]. 太原：山西财经大学，2013.

5 位，国家行业主管 3 位，详见表 5。

表 5 专家情况一览表

姓名	最终学位	职称	职务	所在单位
文东茅	博士	教授	院长	北京大学教育学院
董范	博士	教授	主任	中国地质大学（武汉）体育部
谢智谋	博士	教授	主任	台湾师范大学公民教育与活动领导学系
韩春涛	学士	教授	秘书长	黑龙江登山协会、哈尔滨体育学院
张健	博士	教授	主任	北京体育大学社会体育系
邓军文	硕士	副教授	副主任	中国地质大学（北京）体育部
周红伟	硕士	副教授	副主任	浙江林业大学体育部
张志坚	博士		秘书长	中国登山协会
钱永健	硕士	副教授	主任	北京大学拓展训练研究中心
宋学岷	博士	副教授	主任	沈阳体育学院休闲体育教研室
鹿志海	博士	副教授	主任	首都体育学院休闲体育教研室
王云龙	硕士		副部长	中国登山协会培训部
曹峻	学士	民间登山之父	副会长	大理领攀户外学校、深圳登山户外运动协会
孙斌	学士	登山教练	校长	巅峰户外学校
郭丹	学士	童子军教员		新加坡童子军学校

本研究按照严格的德尔菲法进行了三轮调查。德尔菲研究程序与方法具体如下。

第一，收集和整理初始指标。通过 EBSCO、ERIC、PQDT、CALIS 和 CNKI 等多个数据库平台对国内外有关户外教育理论体系、户外教育实践体系的文献进行了检索和查阅，访谈业界户外教育相关研究的专业人士，以及知名的户外教育一线工作和管理人员，再结合笔者从事户外教育 12 余年的研究经验，进行初步分析，共收集到我国户外教育理论体系构建的初始指标 65 项。通过对这些指标进行分析和修订，整理后得到初始指标 54 项。

第二，确认指标。我国户外教育体系指标构成源于研究文献和初步的专家访谈，特编制了《我国户外教育体系指标构成问卷》，采用德尔菲法对专家进行调查，确定指标的合理性、重要性、表述合适性及内容的概括性。《我国户外教育体系指标构成问卷》内容分为三个层面：首先，请专家对我国户外教育体系指标选取的合理性进行了评价，即合理（保留）、不合理（删除）；其次，在专家认为组成指标合理的基础上，对绩效指标的重要性进行评价，问卷采用李克特五点计分（非常重要、重要、有点重要、不重要、很不重要）；最后，请专家根据我国户外教育的工作特点和已有经验对绩效指标的表述和内容进行补充。

本研究共向 15 名专家发放了《我国户外教育体系指标构成问卷》，参与三轮调查的专家有 15 名，研究就 15 名被试第一轮调查结果分别进行了修订和完善，形成了第二轮专家问卷，由原来的 54 个指标变为 42 个，第三轮问卷调查共收回 15 份问卷，有效回收率 100%。经统计分析，这些指标的标准差较小，说明第三轮问卷调查中，专家小组成员的意见比较集中，最终形成了 41 个有效的我国户外教育体系指标，即结束德尔菲调查，其调查结果见表 6。

表 6 德尔菲三轮问卷统计结果

序号	平均分	标准差	序号	平均分	标准差	序号	平均分	标准差
1	4.60	0.490	15	4.13	0.718	29	4.13	0.718
2	4.47	0.618	16	4.00	0.730	30	4.40	0.712
3	4.27	0.573	17	4.33	0.789	31	4.13	0.884
4	4.53	0.499	18	4.40	0.712	32	4.13	0.718
5	4.07	0.573	19	4.20	0.542	33	4.27	0.854
6	4.27	0.573	20	4.00	0.816	34	4.47	0.618
7	4.13	0.618	21	4.53	0.499	35	4.40	0.490
8	3.40	0.800	22	4.67	0.596	36	4.53	0.499
9	4.47	0.499	23	4.27	0.442	37	4.07	0.998
10	4.27	0.680	24	4.00	0.632	38	4.67	0.471
11	4.27	0.573	25	4.40	0.611	39	4.07	0.854
12	3.73	0.573	26	4.33	0.596	40	4.40	0.490
13	4.07	0.772	27	3.93	0.854	41	4.00	1.033
14	4.47	0.499	28	4.13	0.806			

第三节　研究的技术路线

本研究的三个层次效果图和研究的技术路线详见图2和图3。

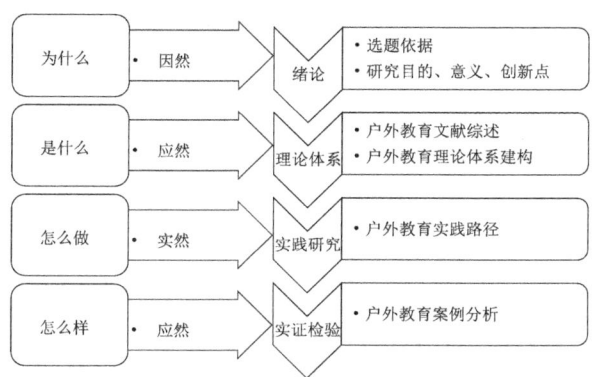

图2　本研究的三个层次图

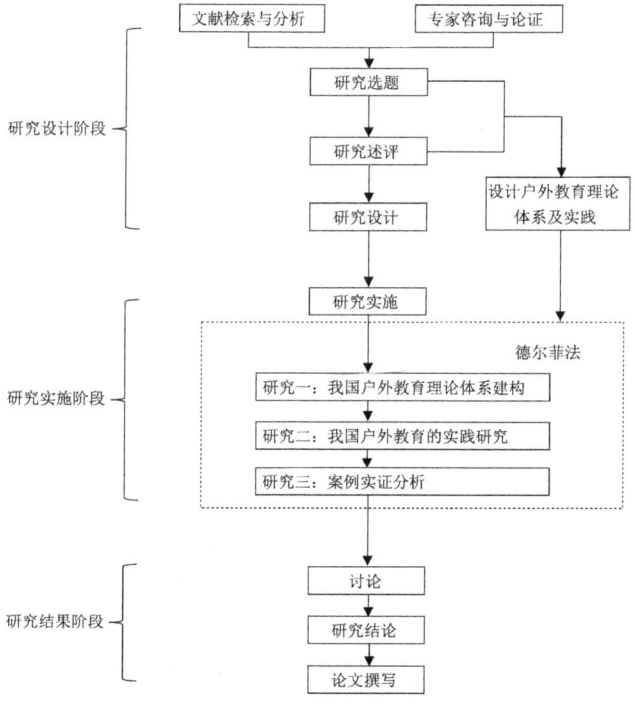

图3　研究的技术路线

第四章
CHAPTER 4

研究结果

第一节　户外教育理论体系的建构

一、户外教育概念与树图

（一）户外教育概念界定

户外教育以户外运动项目为主要载体，如登山、野外生存等。户外教育所传授的内容不仅是"户外运动的本质——身体活动"那么简单，而且包括了更广泛的内容，从而更好地实现教育功能。

户外教育是课程延伸、获取直接经验的方法和手段，它包括不同导向的内容，如课程导向、行为导向、休闲导向、环保导向、野外生存导向等。其最广泛的意义在于，户外教育是一种专注于户外的教育，发展人类生存、生活所需的知识、技能，培养人健康向上的世界观[1]。

户外教育内容广泛，从一日的体验到一学期或者更长的探险活动。一日体验可以包括绳索课程、在自然保护区里待一下午或者某种探险活动（山地自行车、滑雪、定向等）。更长的探险活动包括从周末到数月的探险活动，通过活动增强个人和团队意识，改进技术，培养技能、勇气、责任心，增强环境意识。户外教育提供一个平台，让学生和老师探索体验课程，从而形成更丰富的学习背景[2]。

西蒙·普瑞斯特在《户外教育重新定义：多种关系的问题讨论》一文中从

---

[1] 余昭炜，兰自力，孙辉. 国外学校户外教育研究 [J]. 广州体育学院学报，2015，35（3）：121-124.
[2] FORD P. Outdoor Education：Definition and Philosophy [R]. Clearing House on Rural Education and Small Schools，1986.

六个方面对户外教育的概念进行了描述：户外教育是一种学习的方法；是一种体验；发生在户外；需要感知觉、心理和肌肉活动的有效结合；是一种交叉学科课程；是一种人与社会、自然的互动关系[1]。

户外教育不是户外活动，也不等于环境教育，更不能覆盖个人与社会的发展，它是产生于户外活动、环境教育、个人与社会的发展这三者之间的一个交集。总之，户外教育是在户外获得书本及书本以外的知识，是在自然中进行教育的一种活动教育行为，也是将学习与生活完美连接的权威方式[2]。

户外教育泛指在众多领域里为了达到目标而设计的户外经历，如自然、科学、人文、历史、体育健身、休闲娱乐等。户外教育显然已经成了一种手段和载体，而不是实现目的的教育途径和方法。

户外教育是一种通常在户外环境中开展的"做中学"的体验过程。户外教育可以是学校教育、营地活动或其他户外项目的一部分。户外教育不像科学和数学那样预设好目标的独立学科，它有简单的学习氛围，这种氛围能够给参与者提供各种直接的实践体验来确认和解决现实的生活问题，这些直接体验能带来更大的价值，有助于参与者实现更清晰地理解和更正确地使用大自然环境等教育目标[3]。

户外教育是一个不精确的、被惯用的词语。人们通常认为的户外教育并不只是存在于专业人员或学者的学术界里，而是包括更为宽泛的项目，如大中小学、专利中心、市政公园、娱乐部门和青年发展组织。

户外教育是人、活动和户外环境之间的互动行为，普里斯特将户外教育比喻为一棵与户外或环境相关的一系列教育活动的树，环境教育与冒险教育是其中的重要分枝。为了区分户外教育，我们先看看"在户外的教育"，它是指一系列包括在户外开放环境中的教育活动，无论是在都市还是乡村，是人为还是荒野环境。很显然这个概念的范畴太大，不仅包括了田野调查、野外实习的地理、地质、考古学等，也包括了水、陆、空环境中的运动技术，且有一定程度风险的徒步、登山、皮划艇、攀岩、滑翔伞等户外活动。而通常意义的户外教育是指有一定的体能挑战和风险的户外活动，并以有挑战性的活动和自然环境作为手段载体来发展个人、社会和环境三方面能力。

［1］孙辉. 欧美户外体育教育研究［J］. 体育文化导刊, 2015（2）：162-165.

［2］PRIEST S. Redefining outdoor education: A matter of many relationships［J］. Journal of Environmental Education, 1984, 17（3）：13-14.

［3］PICKLE M. Writing's place in outdoor experiential education［D］. Indiana: Indiana University Pennsylvania, 2007.

户外教育可用于任何人，通过户外的直接经验促进人们掌握知识、技术等；培养人们对于户外的尊重和责任；发展身体运动技能；提供交叉学科的学习机会；促进人们的个人发展和社会性发展；在适当的保障措施下，体验更多的挑战；激励参与者们相互传递知识、经验和技能；帮助人们将户外活动作为终身休闲项目[1]。

早在60多年前，美国人唐纳森就曾给户外教育下定义："Outdoor education is education in，about，and for the outdoors"[2]。对于这个概念，国内外学者认可度较高，但各自解释的侧重点略有不同。福特将户外教育定义为一切在、关于和为了户外的教育。福特的定义中的"在"是指教育可以开展的场景，其中可能包括一个学校的院子或指定的荒野地区，这样的场景提供直接体验的机会和允许学习者互动，具有体验教育的特点。"关于"是指教育经验是学习者获得与自然世界相关的知识，类似于生态和人居环境。"为"是指户外教育学习的目的包括认知、情感、精神运动。户外教育是一个多种感官和多种学习维度都涉及的整体性质的体验教育。

马翼虹在硕士论文《美国当代中小学户外教育实践模式研究》中认为：户外教育就是在户外、为了户外及关于户外而进行的教育。孙辉博士认为：在国外最为广泛接受的户外教育的概念是，"户外教育就是在户外进行，专注户外知识、技能，为了户外的教育"。这个定义实际上是对三个关键词的理解："in、about、for"。"in"阐明了教育活动发生的地点——在户外："about"阐明了教育主题内容——了解大自然："for"阐明了户外教育目标——为了有限地球资源的未来，实现人类的可持续发展。

结合其他学者的解释，本研究的归纳总结是保留学者们的基本解释，同时再重新解释"在""关于""为"，并重点从体育教育的角度分析。

"在"（in）是指户外场景，通常以自然环境为主，也包括依据自然环境设计的人为场地。

"关于"（about）是指与户外环境有关联性，主要指直接相关的生态、环保、人文等人与自然的关系，也包括间接性的影响与关联。

"为"（for）是指开展户外活动所需的相关能力，主要指为了开展户外活动或在户外开展活动，需要参与者掌握的综合能力，也包括软文化、特质和类特质

[1] GAIR N P . Outdoor Education：Theory and Practice ［M］. London and Washington：Cassell，1997：1-4.
[2] DONALDSON G W，DONALDSON L E. Outdoor education：A definition ［J］. Journal of Health，Physical Education，Recreation ，1958，29（5）：17-63.

等的胜任力。

　　无论是 20 世纪 50 年代提出概念的唐纳森，还是近六十年来的国内学者，他们都认为："in""about"和"for"是并列共存关系（and），缺一不可。然而事实上，三者只是户外教育的充分条件，并非充分必要条件。也就是说，满足以上全部三个条件的教育活动，肯定是户外教育，但是户外教育不一定都由满足这三个条件的教育活动组成，只要满足一个条件或者两个条件的教育活动就是户外教育。

　　我们在或不在户外，只要开展与户外相关或为了户外的教育活动，都可以称为户外教育。比如，我们在教室里欣赏并讨论户外题材的电影《绝命海拔》，属于不在户外环境，但确实与户外环境相关，并为了今后能更好地开展户外活动而进行的文化教育活动。当然户外教育的开展场地还是以户外环境为主。

　　我们开展的活动，不管是否与户外相关，只要是在户外场景中开展，或者为了户外，都可以称为户外教育。比如，学校为了培养团队精神和协作能力，委托社会教育机构到风景优美的户外景区，开展一系列无高空器械的团队建设活动。当然，户外教育通常会涉及人与自然相关联的生态环境问题，很少有纯粹的与户外不相关的在户外或为了户外的活动。

　　我们开展的活动，是或不是为了户外能力的成长，只要是在户外场景中开展，或者与户外相关，都可以称为户外教育。比如，地质实习课老师带着学生到荒野的地质公园实习，不是以户外为目的，而是为了更好地、形象直观地教授与户外自然环境相关的地质科学。当然，户外教育主要的开展目的还是以户外能力的成长为主。

　　综上可知，户外教育的边界很宽泛，它已成为一种普遍的教育手段和方法。作为研究来讲，基于遵守国内外关于户外教育研究的惯例，研究通常还是集中从体育、教育学的角度来论述，笔者也将从擅长的体育学和教育学领域来阐述。因此，我们将户外教育分为广义和狭义概念。

　　广义的户外教育是指一切在户外，或与户外相关，或为了户外的人类教育行为。很显然，这个概念遵循大教育的理念而设计，具有大户外和泛户外的广泛包容性的特征，如环境教育、自然教育、生态教育、科学教育、人文教育等，这不是本研究的重点。

　　狭义的户外教育是指一切在户外，或与户外相关，或为了户外的体育教育行为。这个概念主要遵循国内外有关户外教育的研究，多是从与体育学相关的探险、冒险、体验式、休闲、健康的身体运动科学和体育教育学的角度分析得出，具有普遍的指导意义。这个范畴的户外教育正是本研究的主要对象。

（二）户外教育的相关概念

户外教育的相关概念很多，孙辉博士研究发现，国外与户外教育密切相关的形式多达45种，主要涉及的关键词有户外（outdoor）、冒险（adventure）、环境（environment）、自然（nature）、野外（wilderness）、体验（experiential）、娱乐（recreation）、露营（camping）、挑战（challenge）、生存（survival）、治疗（therapy）、旅游（tourism）。这些相关的活动形式很多是户外运动或户外教育的具体应用，是户外教育特点和功能的充分展现，从概念上与户外教育有所区别，但内容上又与户外教育密切相关。通过梳理和归类，本研究将其大致分为冒险探险类、体验式教育类、环境主题类、场地区域类、组织机构类、休闲和治疗类共六大类，详见表7。

表7　户外教育及其相关教育概念一览表

概念类别	英文关键词	内容	主要特征
户外教育	outdoor	广义户外教育、狭义户外教育	（在、相关、为）户外
户外运动	outdoor sports	陆地项目、水域项目、空中项目、综合项目	运动、技术、体能
冒险探险类	adventure	冒险教育、户外冒险教育、生存教育、挑战教育	探险、挑战
体验式教育类	experiential	历奇教育、体验式教育、户外体验式教育、拓展训练、绳索课程	做中学
环境主题类	environment	生态教育、环保教育、环境教育、自然教育	环境保护
场地区域类	camping, wilderness	营地教育、荒野教育、野外教育、野外生存	露营、野外
组织机构类	scout, Edinburgh	美国童子军、英国童子军、爱丁堡公爵国际奖励计划	勋章、制服、求存、社会服务
休闲和治疗类	recreation, therapy	休闲户外、户外娱乐、历奇治疗、历奇为本辅导	轻松、无压、主题性、心理、暴露疗法

1. 户外运动类

我国学者对于"户外运动"概念的研究，突出了户外运动与自然、体育的紧密关系。2003 年李志新提出，"户外运动是指在自然场地（非专用场地）开展的体育活动"；同年，李舒平认为，"户外是一组以自然环境为场地（非专用场地）的带有探险性质或体验探险的体育项目群"。李红艳给予户外运动的定义是"人们在闲暇时间，为了满足自身身体健康、放松和休息、人际交往及刺激和冒险等多方面的需要，采用体育运动的方式（步行、滑雪、登山、骑自行车等）在山地、水域、荒漠、高原等各种特定自然环境下进行的各种户外体验活动"。2013 年，孙永生定义户外运动为"以自然环境或模拟自然环境为主要活动场地，并与其有互动关系的非生产性人体活动"。

户外运动通常包含了人、自然和体育三个重要元素，是指在野外或在自然环境中进行的一系列与城市生活相对应的生活方式，而不仅是探险和挑战自我，如徒步、攀冰、攀岩、爬山、山地穿越、露营、岩降、独木舟等。户外运动是一组以自然环境（非专用场地）或模拟自然环境为场地开展的带有探险、体验探险或体验休闲健康性质的体育项目群。比如，公路自行车就是在非专用运动场地的城市道路上进行的，速度攀岩就是在模拟自然环境而建造的人工岩壁上进行比赛，而此运动场地就属于专用场地。因此，界定概念是一个动态变化的过程。随着户外项目不断走向竞技化、媒体化、现代化、专业化，我们界定概念时既要考虑现状和发展趋势，也要追溯历史起源，比如，攀岩就是源于登山，尽管随着发展，它的场地专业化、形式竞技化，但是它仍然属于户外运动中的一项。

目前在我国开展的主要户外运动有登山、攀岩、蹦极、冲浪、漂流、滑水、滑翔、穿越、攀冰、远足、定向、滑雪、滑草、潜水、越野山地车、高山速降自行车、热气球、拓展、溯溪、飞拉达等项目。因户外运动是一个庞大的项目群，所以对户外运动进行合理的分类非常重要。若按照不同的分类标准，分类将会有很大的不同。按照项目开展场地可分为陆地、水上、空中和综合。按照户外运动功能和参与目的可分为两大类：休闲户外是以休闲健身、放松身心、体验自然为主的群众性户外活动，即大户外、泛户外；探险户外以体现户外的探索、探险特征，实现冒险和自我价值为主要目的，少部分户外专业爱好者为主，即专业户外、极限户外，如攀登雪山、徒步沙漠等。

2. 冒险探险类

冒险探险类主要有冒险教育、户外冒险教育、生存教育和挑战教育。冒险教育通常使用一些高风险、高压力的户外活动，如攀岩、竹筏漂流、基于拓展训练的乡间背包徒步等。冒险教育是由一系列利用动觉学习和积极的身体体验的结构性学习经验组成的特定活动。这些教育体验以有意识的反思和经验的应用为中心，从而能够促进未来更好地学习。

户外冒险教育是指利用户外场景和与户外相关的活动来提升刺激、兴奋、挑战、个人参与性，而这些场景通常不同于参与者日常熟悉的环境。

美国的户外冒险教育课程开始于 1940 年左右，英国人库尔特·汉恩将拓展训练引进美国。最早的拓展训练源于英国水手的生存训练，目的是提升参与者的独立、自立能力和体能。户外冒险教育经过了 40 年的发展，数量和范围都得到扩增。人们参加户外冒险教育有很多目的，包括学习新技能、创造新的社会背景、体验人与自然的关系、休闲和增强自信等。

户外冒险教育课程具有历奇性，参与者通常脱离所熟悉的日常环境，参与一些貌似危险很大，却风险可控的身体挑战活动，从而提升体验的价值。尽管体能和户外运动技术的发展是课程的主要组成元素，但他们并不是课程的主要目的。

户外冒险教育需要个人自立和团队协作。参与者通常自带食物、水、帐篷和衣服，并根据自己的身体和情绪状态做决策。

户外冒险教育课程在不熟悉的环境中开展众多项目：背包徒步、登山、攀岩、绳索挑战、划船、远足、露营等。课程通过自立、暴露在陌生环境和身体与心理的挑战，来实现提升自我概念、沟通、自信、问题解决能力及学校出勤率、学术表现、体能、相互依赖性，以及理解人类在自然环境中的作用。由于户外冒险教育具有较多教育功能，目前被更为广泛地应用在残疾人、危险青少年、老年人、中小学生、妇女团体、支持群体、个人康复、专业运动队和大学生群体中，他们都规律性地参与这些课程[1]。

3. 体验式教育类

体验式教育类主要有历奇教育、户外体验式教育、绳索课程等。它不像户外冒险类教育需要掌握体能和运动技能，而是适当利用这些技术来保障体验式活动的顺利、安全开展，同时营造一种貌似有风险的挑战。

2002 年，美国体验式教育协会给体验式教育下的定义是，学习者通过直接经验建构知识、技能和价值的过程。体验式教育的本质是通过精心设计的序列进

[1] O' CONNELL T S. Self-Concept: A study of outdoor adventure education with adolescents [D]. New York: New York University, 2001.

行反思、批判性分析和整合的学习经历。对于体验教育者来讲，学习的结果可作为未来经验的基础和提升个人价值及信仰的机会。户外体验式教育是指主要发生在户外环境下的体验、环境和冒险教育整合的项目。

体验式教育遵循着教育就是有意义和有价值的经验组成的朴素哲理观，因此体验式教育致力于建立一个循环：有意义的体验产生有价值的经验，有价值的经验产生有意义的体验。

4. 环境主题类

环境主题类主要有生态教育、环保教育、环境教育、自然教育等。环境教育通常是为了教育公民具有环境意识，积极主动和有责任心地对待环境。环境教育是指一系列与环境相关和为了环境发展而进行的教育行为，它是户外教育的一个亚类，主要包括生态关系、资源管理问题及两者的结合，也就是关注两大主题生态关系和人居关系，在西方的研究中相对应地分为生态教育和环保教育[1]。

生态教育是涉及整个生态环境的教育，包括人口增长、污染、能源的使用、城乡规划、现代科技及对自然资源的需求等，这些内容都是生态教育注重的内容。它与户外教育的区别在于，户外教育涉及的生态环境内容没有那么专业和广泛，主要是对生态理念的宣传及针对自然资源的教育。

环保教育是合理地利用自然资源，关注环境保护的一种教育，它关注动物、土壤、水、空气等资源及其使用，如农业、狩猎、渔业及人类的消耗。这类教育单一地强调环境保护，户外教育的关注面更广，关注环保、休闲娱乐及人与人之间的关系等。

5. 场地区域类

场地区域类主要有营地教育、荒野教育、野外教育和野外生存等。营地教育是国内目前比较流行的称呼。在国外，露营通常只是一门课程，或是其他户外教育的一部分。在美国 19 世纪末期，随着工业革命和城市化的进程，城市人渴望带着孩子走进大自然锻炼身体、休闲娱乐、与家人共处，于是野外露营就成为一种最好的方式。营地教育是在户外以团队生活为形式，并能够达到成长性、娱乐性和教育意义的持续体验，通过领导力培训及自然环境的熏陶，帮助每一位营员

---

[1] KIME D B. Outdoor Adventure Education Instructor Teaching in Postsecondary education settings: Educational connoisseurship and criticism case studies in Canada, New Zealand, and the United States [D]. Colorado: University of Denver, 2008: 41-42.

达到生理、心理、社交和心灵方面的成长。结合国内发展趋势和实际情况，营地教育是指以露营活动为核心功能，在特定的自然环境或人为改善后的户外区域内，开展一系列以教育意义为导向的教育文化活动的总称。

荒野教育比较靠近冒险教育的概念，不过它更强调在荒野的环境中开展活动。荒野教育是通过适当的户外旅行、露营、生存技术、必备的伦理和安全判断、决策和行动来提升人们对于野外和生态环境的认识的过程。荒野地区是国家荒野保护系统的一部分，与人类及人类创造物所在地区不同，荒野是大地及万物共同体免受人类践踏之地，人类虽身处于此，但仅为过客，不会久留。荒野教育的旅行是漫长的，可能是两周到一个月，甚至更长时间。荒野教育者们试图寻找这样的地方，它需要体力挑战的旅途、严酷而又艰苦的付出、努力才有的高峰体验、独处的机会、浸入陌生而带来的焦虑心理，在这里人们控制自然的幻想被驱逐，赤裸裸地面对自己，体验着力量、神秘和敬畏，然后利用荒野中的焦虑、害怕和启发性，促使学生通过艰苦努力和团队协作，学习掌握技术，最终体验成就感。

6. 组织机构类

组织机构类主要是指有一些具有广泛影响力的户外教育机构组织，如童子军教育，目前分为美国和英国两个模式。

童子军教育起源于 1907 年，英国陆军的中将罗伯特·贝登堡在英格兰白浪岛举办了一次实验性营区活动，把他孩提时代的一些户外经验和在军队训练士兵的一套经验方法用于训练 20 名十几岁的男孩，结果不仅深受被训练者的喜爱，而且其方法在训练中也卓有成效。这次活动产生了巨大的影响，青少年开始纷纷仿效并自发地组织类似的活动，由此便发展成了今天世界上规模最大的青少年运动[1]。

1967 年，正式更名为童军协会（一般称作英国童军总会）。1976 年，女童军被允许加入冒险童军。2007 年起，所有在英国的童军团必须接受男女童军。

截至 2007 年，童军和女童军分布涵盖 216 个国家和地区，共有超过 3800 万名成员。世界童军运动组织统领这些运动的组织（WOSM，成员包括男女童军组织和各国童军组织）和世界女童军协会（WAGGGS，成员包括各国女童军组织和男女童军组织）。

---

[1] 李燕，方巍. 童子军：遍及世界各地的青少年组织 [J]. 当代青年研究，2000（1）：45-47.

受英国 1907 年贝登堡勋爵创建了英国童子军的影响，曾经拜访伦敦并得到童子军帮助的芝加哥出版商威廉·D. 波伊斯，于 1910 年 2 月 8 日创建美国童子军，并于 1916 年获得联邦特许状。美国童子军受实用主义和自由主义哲学思想的影响，一直采用蒙台梭利、夏洛特·梅森和杜威的教育思想指导教育工作。童子军的教育目的是为男孩子们和青年人提供一个教育项目，用来培养坚强的性格、积极参与的社会公民责任，以及发展个人体质。

童子军教育活动是把实际的户外活动当作非正式的教育训练方式，主要内容包括露营、水上活动、森林知识、徒步旅行、野外旅行等。童子军制服可明显识别此活动的特色，以此消弥国家及社会地位之间的差异性，体现人与人之间相互平等的状态，最常见的军帽、装备有领巾和可识别的特色服装。百合花和三叶草图案为主的组织徽章是童军运动中独特的制服徽章，另外还有童军勋章等荣誉象征。

除了雇佣部分专职人员外，美国童子军组织主要依赖的是一批青年及成年的志愿人员。童子军组织十分重视工作人员的培训，为了使众多的志愿人员或非专业人员适应童子军建设的需要，美国童子军组织有一套完善、统一和严格的各级正式和非正式领队的培训计划[1]。

7. 休闲和治疗类

这两类都以挑战性不高的轻户外活动为主要形式，参与者注重自身身体的舒适性、情感的愉悦性和心理的放松性体验。

休闲探险活动完全不同于冒险教育，因为休闲探险活动是一种纯粹的娱乐活动，比较注重参与者的娱乐性、享受性，对于身体技能的要求较低，不会造成较大的心理压力。

历奇为本辅导（Adventure Based Counseling）是通过一系列精心设计的历奇活动，引导师循序渐进地介入，让参与者在一个既陌生又合作的氛围里，经历各种挑战，将有意义的体验转化为有价值的经验，并将其应用到日常生活实践中，帮助参与者成长。

历奇治疗是通过指导者高介入的户外体验活动来治疗参与者心理或行为的偏差[2]。目前，这一治疗手段被广泛用于问题少年、瘾君子、抑郁症、多动症等的治疗和实验当中，取得了良好的效果。

[1] 李燕，方巍. 童子军：遍及世界各地的青少年组织 [J]. 当代青年研究，2000（1）：45-47.
[2] 杨成. 历奇教育 [M]. 广州：广东人民出版社，2007：2-3.

户外暴露疗法是指将有不良行为的参与者带到精心设计的户外挑战项目和环境中，初步评估不良心理和行为的程度，然后使其不断丧失舒服感，不断面对挑战和恐惧，最终征服更大程度的挑战，从而达到治疗的目的。

(三) 户外教育理论树图

我国户外教育理论体系可以用一棵树来形象描述，见图4。人本主义哲学观和人类喜欢户外活动的原始冲动是这棵树的土壤。大教育观和终身教育思想是这棵树的主根，自然教育、建构主义教育和体验式教育等教育思想组成了密密麻麻的树根。树干和树枝用来代表户外教育不同维度下的存在形式：自我与他人教育、正式与非正式教育、正规与非正规教育，以及以时空概念划分的社会教育、学校教育和家庭教育。在树枝里充满了户外教学要素和保障要素，来确保户外教育的顺利实施，最终在树梢实现个人全面发展和人与自然和谐发展的教育目标和素质教育的价值。

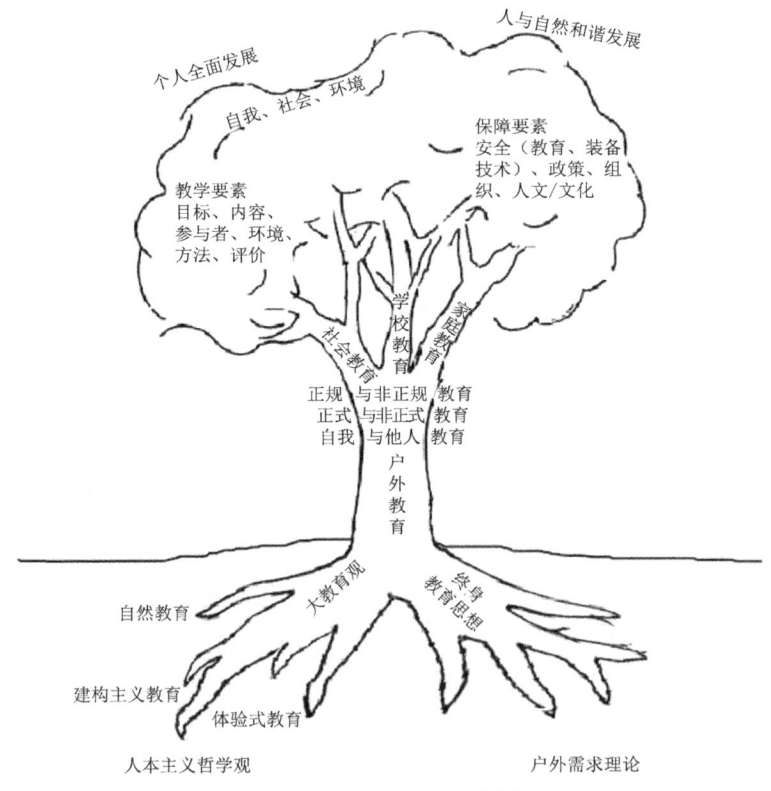

图4　我国户外教育理论树图

人们参与户外教育活动的内在需求动机分析。首先，人是从自然中走出来的，亲自然是人的天性。离开自然环境，人就会产生不安和恐慌，尤其是在钢筋水泥环境中生活已久的人们，有更强烈的回归自然、亲近自然、寻找自我的渴望。其次，人的本性喜欢追求能够带来成就感或刺激感的事物，而户外活动能最大程度地满足这一天性[1]。

二、户外教育的哲学基础

人本主义是户外教育最基本的哲学基础。在西方哲学中，人本主义指从人本身出发来研究人的本质，以及人与自然、人与人之间关系的理论，是确立户外教育目标的终极依据和指导方针。因此，把人本主义的思想、理论引进当代户外教育中，树立正确的人本主义的教育理念，不仅具有重大的理论价值，而且也有积极的现实意义，对我们克服当前的功利主义教育取向和唯科学主义教育取向，转而注重教育的内在成长、人文关怀、良好关系、学生主体具有导向性。

我国传统的以人为本思想，会对我们当前开展户外教育产生人性束缚的不良作用。因此在开展户外教育时，要博纳中西方关于人本主义的科学论断，尤其要以马克思主义关于人的经典论断指导现实的工作。在马克思、恩格斯看来，所谓现实的人，就是为满足自身需要在社会中从事实践活动的人，"不是处在某种虚幻的离群索居和固定不变状态中的人，而是处在现实的、可以通过经验观察到的、在一定条件下进行的发展过程中的人。"[2]

人本主义心理学是人本主义哲学的直接理论基础，它的发展极大地推动了人本主义哲学的发展。人本主义心理学主张研究人的整体意识、人的尊严和价值、人的本性[3]，不是把人的各个从属方面如认知过程、行为表现等割裂开来加以分析。学习是为了每一位学习者个人的发展，满足其健康成长、个性整合和素质提升的需要。人的自我认知不是靠外部的灌输或行为的塑造能够完成的，必须依靠自己的体验或经验来完成。学习者是主动的、负责任的，有独立解决问题的能

[1] 刘传海，王清梅，钱俊伟. 运动类 APP 对体育锻炼行为促进和体育习惯养成的影响 [J]. 南京体育学院学报（社会科学版），2015，29（3）：109-115.

[2] 刘传海，王清梅，钱俊伟. 运动类 APP 对体育锻炼行为促进和体育习惯养成的影响 [J]. 南京体育学院学报（社会科学版），2015，29（3）：109-115.

[3] 林文伟. 大学创业教育价值研究 [D]. 上海：华东师范大学，2011.

力[1]。因此，户外教育应该建立在学习者内在动机的基础上，让他们有权力选择自己的侧重点，从而对学习感兴趣。基于人本主义心理学的人性观，教育"更强调人的潜力之发展，尤其是那种成为一个真正人的潜力；强调人要理解自己和他人，并与他人很好的相处；强调满足人的基本需要；强调人向自我实现的发展。这种教育将帮助'人尽其所能成为最好的人'"[2]。

人本主义心理学反对行为主义将人和动物等量齐观，以及弗洛伊德的以"病态潜意识"为假设的精神分析学派。其主要代表人物有马斯洛、罗杰斯、罗洛·梅和布洛克，其重要观点为发挥学生主动积极性，重视情感在学习中的作用和人际关系的影响，认为内在动机、兴趣和理解学习的意义是获得新知识和新经验的前提。

人本主义之于户外教育的重要指导思想有以下三点。

第一，人本主义哲学观关于人的认识有三种基本概念和四个基本属性。三种基本概念指类、群体和个人，人作为个人的个体存在，人作为人这个类的存在，人作为群体意义上的社会存在；四个基本属性指自然性、社会性、发展性和实践性。按照人本主义哲学观的指导，户外教育不仅要关注人与动物的区别，还要关注人与人的本质区别。户外教育要最大限度以人为本，在实践中关注人的自然属性与社会属性的平衡，关注教育对于人的发展属性和实践属性的诉求。

第二，人本主义哲学关于人的发展教育目标经历了人本主义从远古封建时代的以神为本，发展到资本主义物化至上的以物为本，再到当今时代的以人为本的进化过程。这个时代比任何一个时代更关注人自身，整个社会和教育都需要努力做到发现人的价值、发展人的个性、发挥人的潜能，做到关爱人、尊重人、发展人和依靠人，使曾经的应然问题，变为关注人整体发展的实际问题。弘扬人的主体性、提高人的主体能力、强化人的主体意识是人本主义哲学观最朴素的要求，也是户外教育实践的理论原点与目标。

第三，人本主义哲学对于教育的价值。人性不断完善，马克思关于人的自由而全面发展的理论，对教育具有宏观指导意义。我们应以人为本，重构教育理论体系。正如张岱年所说："所谓以人为本，不是人是宇宙之本，而是说人是社会活动之本，即非人类中心主义。"在当今环境和大自然面临更大人类挑战的时代，

---

[1] 郑孙勇. 拓展训练在我国普通高校的发展现状 [J]. 浙江体育科学，2007，29（6）：64-66.
[2] 齐嘉妍. 生命性教学的理论基础与实践探索 [J]. 新课程研究（上旬刊），2011（1）：15-16.

人本主义的哲学基础对户外教育具有重要指导意义，从而实现文化上塑造新型人格、社会建设层面构建和谐社会的大教育目标。

三、户外教育的教育思想

杜威的《我的教育信条》第一条中写道："一切教育都是通过个人参与人类的社会意识而进行的。这个过程几乎是在出生时就在无意识中开始了。它不断地发展个人的能力，熏染他的意识，形成他的习惯，锻炼他的思想，并激发他的感情和情绪。由于这种不知不觉的教育，个人便渐渐分享人类曾经积累下来的智慧和道德的财富，他就成了一个固有文化资本的继承者。世界上最正式、最专门的教育也不能离开这个普遍过程[1]。"

大教育观认为，教育现象绝不只限于制度化领域，而是广泛存在于人的整个生存世界。哪里有人，哪里就会存在教育现象。教育系统是一个有机联系的整体，并且明显地表现出一般系统所共有的局部之于整体与整体之于局部相统一的特性。所谓有机联系有两层含义，一指教育系统各部分在运行过程中的结构与功能意义上的紧密联系，二指各部分之间界限划分相对性[2]。

王道俊、王汉澜主编的《教育学》写道：凡是有目的增进人的知识技能、影响人的思想品德、增强人的体质的活动，不论是有组织的或是无组织的、系统的或是零碎的，都是教育，包括人们在家庭中、学校里、亲友间、社会上所受的各种有目的的影响。不过杜威认为的"教育即生长""教育即生活"和"教育即经验的改组或改造"是一种更为广阔和全面的大教育观。

大教育伴随所有人，以及所有人的一生。终身教育思想、泛教育思想都是这一观点的表达。而本研究提出的户外教育就是在大教育观指导下的具体教育实践的体现，正如上文关于户外教育界定的"在户外、为了户外或与户外相关的教育行为"的表达一样，是一个充满丰富内涵和无限延展的大概念。

在大教育观的整体关照下，户外教育如何实施开展，需要具体的教育思想来指导和设计，主要有自然教育、建构主义教育和体验式教育三种。

（一）自然教育思想

近自然是人性对于远离自然的恐慌的条件反射；近自然是人的天性，是动物

---

[1]胡萨. 西方"价值教育"兴起、原因及启示 [J]. 中国教育学刊, 2011 (12): 27-30.
[2]项贤明. 论人文系统中的教育 [J]. 教育研究, 2001 (9): 17-22.

性的回归与补偿，是为了平衡人自身、平衡人所在的社会。与其说我们是在如火如荼地开展亲近自然的户外教育，不如说我们只是在弥补父辈们曾经的遗憾，但孩儿辈们却渐渐被剥夺了本属于他们的自然玩耍经验。两者的区别在于体验中的人是否使用由科学技术的进步而产生的外在器物装备，以及出发的心态是主动原生态抑或被动而为。

近自然是为了对抗功利性和模式化的时代与社会，从而找到个体生命发展的起点；是立足个体发展的自然依据，从而找到个体健全人格的发展路径。近自然要在日渐技术化围裹的世界之中，从现代人对自然的背离与放逐之中，重新回到人与自然的生动交往，在人与自然的生动交往中重新发现自我。教育的目的并不是回归自然本身，而是重新回到教育的初始点，回到个体教育的逻辑起点，重建个体发展的可能性[1]。

自然的回归只因人们社会属性彰显得太严重，我们太注重世俗中的人、规矩中的人、社会中的人，而忽略了人作为人本身、人自然的一面。因此，这只是寻找一种内在的平衡，而在寻找内在平衡的过程中，体育与哲学、科学知识和规矩相比，最靠近人、自然，最靠近人的自然、自然的人。在众多体育项目中，户外教育和户外运动是更接近人的自然、自然的人的一种项目，是当今社会最需要的。也正是这样的一种户外教育实施，体现了自然教育思想、自然教育思想的出发点及自然教育思想的目的，很好地做到了人的自然属性和社会属性的平衡，以及对这个时代中关于人、社会和环境的和谐关系的建构。

我们参与户外活动，更凸显了一个人的社会性和自然性相互平衡和谐的一面。而今的生活让我们都能充分展现社会性，而发生了去自然性的现象，因此个体出现了自然属性与社会属性失调和不平衡的现象。我们走进自然，是一种遁世和暂时的社会性逃避，彰显着自然属性。户外教育要用自然教育思想作为基础来分析人与自然的相互关系，以及这种关系在人的属性层面怎样实现、如何处理才能够达到最佳的平衡状态。

卢梭认为，自然教育必须遵循人的自然本性，使教育的目的与手段与人身心发展的各个阶段相一致，既不要超前，也不要滞后。从柏拉图到卢梭的自然教育，都有极强的浪漫主义色彩，柏拉图的界定在社会范畴，是群体中的自然教育，而卢梭侧重于个体中的自然教育，他们并不是回避社会，更不是消极逃避，

---

[1] 刘铁芳. 自然教育的要义与教育可能性的重建 [J]. 当代教育论坛，2012（1）：1-11.

他们只是想寻找符合人性发展自然规律的教育，以及规律中的自然人。

自然教育之于户外教育的重要指导思想有以下三点。

第一，消极教育。《爱弥儿》开篇就讲："凡是出自造物主之手的东西，都是好的，而一到了人的手里，就都变坏了"[1]。因此，自然教育提倡消极教育，即想尽办法避免环境的不利影响，让自然发挥作用，是让儿童自然成长的教育。消极教育不是不教育，而是少一些程式化、预设性的教育，以及人为设计的教育，让儿童在良好的状态里、环境中自然成长，符合规律地成长。我们最初的哲学老师是我们的双脚、我们的双手和我们的双眼。用书本来代替此类自然中的体验，是在教我们运用自己的理性，而不是教我们轻信、借用别人的理性[2]。在开展户外教育时，要么接受好的教育，要么不接受教育，坚决避免坏的教育。

第二，自然规律。夸美纽斯的"教育适应自然"、卢梭的"教育顺应自然"、裴斯泰洛齐的"教育心理学化"，再到后来的福禄贝尔的幼儿园教育思想、杜威的"教育即成长"，都提示我们自然教育的发展是一脉相承的。教育在进化论、实验心理学、儿童心理学，甚至最新的脑科学等方法的基础上，从对自然适应性教育的考虑转向对教育深层自然规律的探秘，在一定程度上可以说是自然适应性原则的深层次发挥。自然教育理论强大的生命力在于它蕴含了深刻朴素的哲理——教育必须顺应儿童的天性和身心发展的自然规律，这也是任何一个社会、任何一个时代的教育都应该遵循的。户外教育的设计和开展一定要遵循自然环境、教育学、心理学和体育学等自然规律和基本法则。

第三，自然环境。爱默生曾说"培养好人的秘诀就是让他在大自然中生活"。卢梭也曾说，在自然中奔跑玩耍撒野了一天后，处于酣睡中的孩子是最美最动人的。"像这样在大自然的单独指导之下的不断锻炼，不仅增强了体格，也丝毫没有使心灵因此而迟钝，反而在我们身上形成儿童时期易于形成的、唯一的一种理性能力，而这种能力对任何年龄的人来说都是必须具备的。从锻炼中，我们学会了怎样使用我们的体力，知道了我们的身体同周围事物的关系，学会了怎样运用那些适合我们器官的自然工具。而一直由母亲在房间中养大的孩子，连什么叫重量和阻力都不知道，竟至愚蠢到想去拔动大树，掀掉岩石！生活得最有意义的人，不是年岁活得最久之人，而是对生活感受最深之人。想要有深刻而真

---

[1] 张志泉. 自然主义视野下的中国儿童教育 [J]. 南通大学学报（社会科学版），2011，27（2）：100-
　　105.
[2] 卢梭. 爱弥儿 [M]. 上海：上海人民出版社，2011：6-7.

实的人生感受，在自然中尽情地开展户外活动是最好的教育。而卢梭教育思想的中心就是如何使人为的教育与自然的教育保持和谐一致。户外教育应该是引导的、启发的、生成性的，而不是灌输的、设计的、替代性的。

自然教育源于对儿童（也适用于所有人类）的重新发现，对教育自在规律进行探寻，不难发现教育是一种习惯，自然教育就是只适合于天性的习惯。户外教育遵循自然教育思想的发展规律，只有很好地遵循这一重要的教学指导思想，才可能实现走进户外，接受自然的一切和一切的自然，让教育真正亲近自然，即自然的人和人的自然性。

（二）建构主义教育思想

康德认为，人在认识世界的同时认识自身，人在建构与创造世界的同时建构与创造自身。建构主义认为，知识是在对真实世界体验的诠释中由个体建构或以社会方式共同建构的。建构主义的主要代表人物有皮亚杰、维果斯基、杜威和布鲁纳等。人们在学习和体验的过程中，不断地将新事物、新体验和新思想一一改造内化后，归入自己原有图式的心智模式中。

认知建构主义理论奠基人皮亚杰提出四个重要概念：第一是图式，它的形成和变化是认知发展的实质，而认知发展又受三个因素的影响，即同化、顺应和平衡；第二是同化，指学习个体对刺激信号的过滤或改变过程，把感受的刺激纳入头脑中并使其成为自身的一部分；第三是顺应，指学习者通过调整自己的内部结构以适应特定的外界刺激情境的阶段，学习者对原有图式加以适应或重建，以适应环境；第四是平衡，指个体通过自身调节机制促进认知发展水平从平衡向另一个平衡状态过渡的过程，儿童的认知结构通过同化与顺应过程在动态的、平衡的循环中得到不断的丰富、提高和发展。

维果斯基提出了"文化历史发展理论"，他是社会建构主义的创建者，强调认知过程中社会文化历史背景对学习者的作用，并且提出了"最近发展区"的经典理论。他认为，个体的学习离不开一定的历史、社会文化背景，这种背景可以支持和促进个体的学习发展。维果斯基辨别了个体发展水平的两种类别——现实的发展水平与潜在的发展水平。个体独立活动所能达到的水平是现实的发展水平，而个体在成人或比他成熟的个体的帮助下可以达到的活动水平，称为潜在的发展水平，两种水平之间的区域就是所谓的"最近发展区"。教学应该成为促进发展的决定性动力，只有走在发展前面的教学才是好的教学。

布鲁纳提出了发现学习的建构主义教育思想。他认为，学生发现学习的"发现"与科学家的"发现"只是形式和程度的不同，而性质是相同的，因此学生要像数学家那样思考数学，像历史学家那样思考历史，亲自发现问题的结论和规律，成为一个发现者[1]。布鲁纳认为，认知是一个过程。"就认识者而言，认识的过程本身含有积极的意义，而不是消极的。假如认识者要使呈现在他面前的知识成为他自己的知识，他就必须亲自从事'发现的行动'，亲自从事构成模式的过程。"[2]

建构主义教育强调学生对知识的主动探索，以学生为中心，主动促进学生建构和发现所学知识的意义。建构主义教育就是要慢慢地、留有时间地给予学生主动性和创造性的思考，教师要设计和搭建一个好的学习和教育平台，让学生的学习自然而然产生。

户外教育要以建构主义教育理念为主要指导思想，为教师、教学和课程设计提供规范的思路和方向，才是符合人和社会的内在发展，才能实现户外教育最终培养人的目标。

建构主义之于户外教育的重要指导思想有以下五点。

第一，以学生为中心，主动建构。这为学生提供了良好的自由发展空间，对于培养孩子的创新能力、自主性等有很大好处，但是也要注意出现"重生轻教"的否定教师主导作用的倾向。

第二，学习情境化。学习总是与一定的社会文化背景即情境相关联。创设学习情境，不仅可以让学生把新知识技能与先前已有的知识技能建立关联，从而更有效地掌握新知识技能，而且可以使学生更好地体验教学内容的情感，使原来枯燥的、抽象的知识变得生动形象，才能在开展户外教育活动时达到"观山则情满于山，观海则意溢于海"的效果。

第三，协作学习，努力形成实践共同体。小组讨论是最常用的一种形式，不仅指学生间的互动，也包括师生间的积极互动。要努力营造一个对自我概念威胁最小且具有支持性气氛的学习环境，这样学习的进展更快，尤其在恶劣的户外环境中，协同和团队协作最有价值。

第四，多媒体技术的应用。户外教育和信息技术关注的焦点在于学习环境的

---

[1] 李爱民. 我国本科研究性教学十年研究述评 [J]. 青岛科技大学学报（社会科学版），2010，26（4）：83-87.
[2] 成丽君. 教学因素互动关系解析 [J]. 教育研究与评论（中学教育教学），2011（6）：21-24.

创设。这些情境可以激活学生的学习兴趣，唤醒已有的相关知识经验，激发学生的意义建构，极大地拓宽了户外教育的边界和教育效果。

第五，更关注意义的建构。建构主义学习环境中，学生的主体地位突出，是认知主体及意义的主动建构者，整个学习的最终目的是把学生对知识的意义建构起来。教学设计通常从创设情境开始，而不是从分析教学目标开始，情境要有利于学生所获得的意义建构，紧紧围绕"意义建构"这个中心而设计整个教学过程，无论是教师辅导，还是学生协作学习、独立探索，总而言之，学习的一切活动都要从属于目的，要有利于深化完成和巩固对所学知识意义的建构。因此在开展户外教育时，目标的设定一定要包括对人文素养的培养。

（三）体验式教育思想

从学习理论演变的历史角度，学习可分为旁观者知识观和参与者知识观，而体验式教育带来的是参与者知识观的学习方式。杜威比喻："旁观者就像一个身在监狱，注视着窗外下雨的囚徒，对他来说，窗外下不下雨都是一样。参与者就像一个计划着第二天要去郊游的人，下雨不停会挫败他的郊游。"体验式教育是一种教育理念，也是一种方法和手段。在参与者知识观的指导下，近年来生成性教育、情境教育、发现学习、研究性教育、探究式教育、合作学习等一系列侧重于体验式教育的形式逐渐进入我们的视野。

杜威认为，教育是在经验中，由于经验和为着经验的一种发展过程。经验要具有连续性和交互性方可产生教育效果，这也是检验经验的两大标准[1]。这种连续性还包括学校和社区的连续性、个人和社会的连续性、理论与实践的连续性，而这些连续性遭到了传统课堂教育模式的分割。经验的连续性原则应用到教育上，指要在教育的每个阶段都顾及未来的情况。交互性原则指个人与自然环境、社会环境之间的互动和影响。人在与环境的主动互动中可以寻求经验、获取知识，正如杜威给知识的定义："知识乃通过操作把一个有问题的情境改变为一个解决了问题的情境的结果。"这种互动加上连续的体验构成了一个人认知和成长所必要的学习条件。

体验式教育的成败不在于体验的数量或时长，而在于体验的质量及学生在体验中是否进行了充分学习，是因为不是所有的体验都具有教育意义或是具有同等

---

[1] 吕达，刘立德，邹海燕. 杜威教育文集 [M]. 北京：人民教育出版社，2005：323-330.

的教育意义。教育是有意义和有价值的经验组成，通常有效的教育遵循着这样一个循环：有意义的体验带来有价值的经验，有价值的经验带来有意义的体验。而体验式教育严格遵循着体验、反思、归纳整合和应用的学习圈。美国凯斯西储大学大卫·科尔布教授于 1984 年提出了一个著名的、广为人们接受的体验式学习圈，高度强调一切学习以体验、注意为起点，而后进行反思、解释与共享，然后在此基础上深入处理和转化、有效归纳整合，成为对个人成长有用的信息，最后经过实践应用验证它的可行性，并利用经验进入另一次学习循环。因此，体验式学习可被视为一个包含四个阶段的过程，在大卫·科尔布学习周期的基础上，哈尼和莫姆福特根据人们在学习周期中对各个阶段的偏好，总结了四种不同的学习风格：积极型、反思型、理论型、务实型[1]（图 5）。

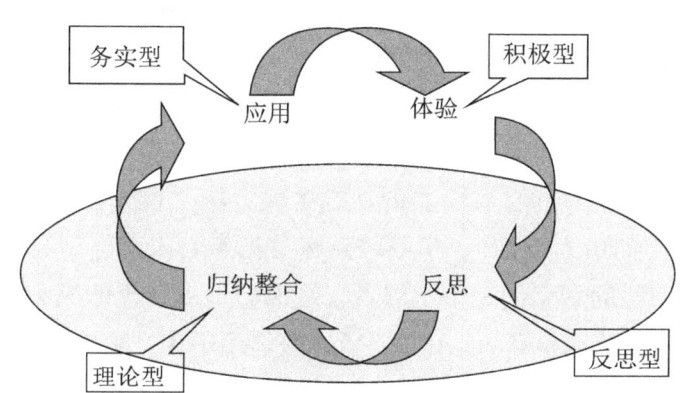

图 5　Kolb 的体验式学习周期和学习类型

其中，反思是教学中最重要和最常用的学习方式，反思在很大程度上决定实践教学的质量。反思是从体验中探究意义的过程，反观我们身边不成功的户外教育案例，有一部分是由没有提供有意义的体验所致，但更多的是有体验但缺乏有价值的经验所致，导致这种现象的一个关键原因是在户外的教育实践中缺少反思，即有意识地发现意义的过程。因为体验并不是反思的必要条件，也就是说反思不一定会因为体验自动产生，而是需要实践主体有意识地去进行。这就要求户外教育的教师具有丰富的经验，比如，一次不成功的因偏离原计划而受到阻碍的户外徒步体验活动，可以通过导师的积极引导，带动大家积极反思，而产生转颓

---

[1] 钱俊伟．拓展训练引入高校体育课的理论分析与实证研究 ［D］．北京：北京体育大学，2006：14.

势为教育价值新发现的过程。反思通常分为行动前反思、行动中反思、行动后反思及述职式反思。

尽管反思有以上讲到的重要价值，但是体验式教育的重心还是要努力设计和打造一个完美体验，只有体验丰富而饱满，才能够触动参与者的心灵，引起共鸣，促进体验式学习圈的流畅运行。

体验式教育之于户外教育的重要指导思想有以下四点。

第一，不确定性中寻找确定性。人类在任何时候都在致力于对确定性的寻求，从复杂的、多变的、不确定的现象中寻找确定性的知识。面对复杂本身的确定性寻求，学生要在复杂中亲自找寻简单结构，参与知识的建构，亲历复杂。这就需要采用达尔文的进化论思维，让生命个体与环境之间产生"互动"，而人与环境之间的"互动"也意味着人在环境中不断地"经验"。以往人们认为变化和不确定是危险的，而在体验式教育思想里，这是教育的最佳时机。户外教育的最大魅力也就在于，在不确定性的自然环境、事件中经验一切，最后又能找到一定的确定性，貌似把握了自己和周围世界，从而获得刺激感和成就感。

第二，参与者学习和自我经验的动态生成。从"授人以鱼不如授人以渔"到"授人以渔不如由人以渔"，学习将意味着把亲自发现、亲自体验、亲自经历、亲自研究的时间和空间还给学习者，给他们自由选择的机会，发挥其主动性。善教者教人整体亲自感知，让学习者在整体亲历中"心领神会"，在求知的过程中，要感受求知的兴趣、热情和积极的情绪和信仰。户外教育的实施，要求教师的角色不再是专家，而是鼓励学生通过参与进行学习的组织者、协助者和协调员，对学生的探究采取了更加开放和宽容的态度。一位"坏"教师为学生奉送真理，一位好教师帮助学生发现真理。

第三，注重经验的连续性和交互性。如上文所述，具有连续性和交互性的经验才是有价值的经验。我们不是为了体验而体验式教育，也不是为了户外而户外教育，我们更在意的是通过在户外、由户外或为了户外的经验成为人自我内在建构和社会建构的过程，最终达到人和社会的全面发展。

第四，户外教育中的体验式教育的层级递进。户外教育作为体验式教育思想的应用对象，什么样的体验能达到何种程度的学习效果？国外的一些学者总结归纳了一个教育的层次模型，见图6。参考这个模型可以分析户外教育的体验效果和课程的侧重层次。

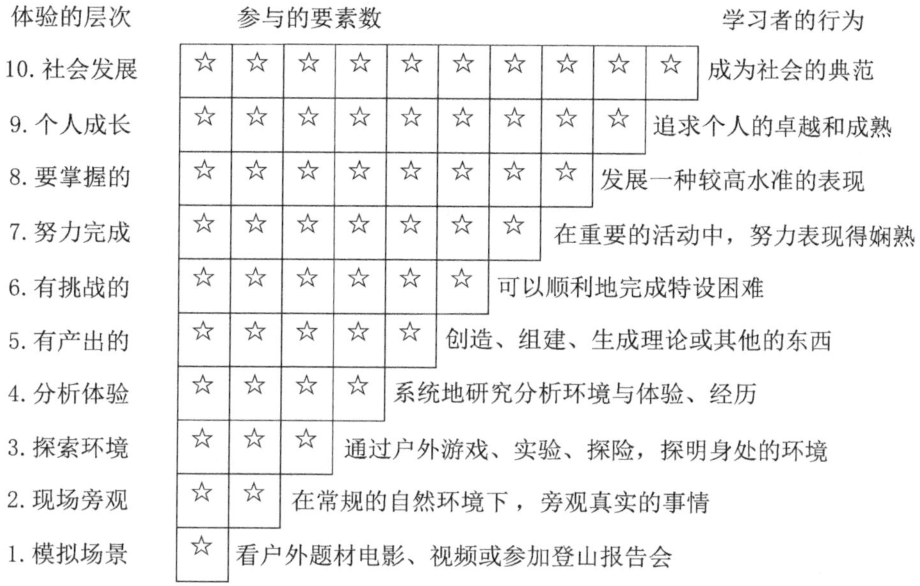

体验的层次	参与的要素数	学习者的行为

10. 社会发展	☆ ☆ ☆ ☆ ☆ ☆ ☆ ☆ ☆ ☆	成为社会的典范
9. 个人成长	☆ ☆ ☆ ☆ ☆ ☆ ☆ ☆ ☆	追求个人的卓越和成熟
8. 要掌握的	☆ ☆ ☆ ☆ ☆ ☆ ☆ ☆	发展一种较高水准的表现
7. 努力完成	☆ ☆ ☆ ☆ ☆ ☆ ☆	在重要的活动中，努力表现得娴熟
6. 有挑战的	☆ ☆ ☆ ☆ ☆ ☆	可以顺利地完成特设困难
5. 有产出的	☆ ☆ ☆ ☆ ☆	创造、组建、生成理论或其他的东西
4. 分析体验	☆ ☆ ☆ ☆	系统地研究分析环境与体验、经历
3. 探索环境	☆ ☆ ☆	通过户外游戏、实验、探险，探明身处的环境
2. 现场旁观	☆ ☆	在常规的自然环境下，旁观真实的事情
1. 模拟场景	☆	看户外题材电影、视频或参加登山报告会

图6　户外教育的层次模型

从图6中我们不难看出，按由低到高的顺序，体验的层次可以大致分为五个模式[1]。

第一，简单接受模式。事件、表现形式和环境呈现在学生面前，学生被动地接收并学习的行为，属于比较靠近旁观者知识观一端的体验式学习形式，如图6所示的1、2阶段。此阶段属于与户外教育相关的入门层级。

第二，分析研究模式。学生运用已有的理论知识和技能，研究发生的事件、分析环境方面的因素或解决实际问题的学习行为，如图6所示的3、4阶段。

第三，产出模式。学生根据一定的要求和指派或自己的想法创意进行体验，进而可以生产产品、活动和服务等的学习行为，如图6所示的5、6阶段。

第四，发展模式。学生通过设计和实施包括学习、活动和练习在内的长期项目，从而追求在特定领域内的卓越的学习行为，如图6所示的7、8阶段。

第五，个人成长模式。学生学会认识自己及自己与他人间的关系，学会通过完成特定任务的过程，使自己逐渐走向成熟，并且对他人的生活作出贡献，如图6所示的9、10阶段。

---

[1] HOPKINS D, PUTNAM R. Personal growth through adventure [M]. London：David Fulton Publishers, 1998：110-112.

即使在杜威生活的国度，以经验为主的教育都没有完全流行起来，更何况在中国。户外教育作为一种遵循体验式教育思想的教育领域，能够为我们现有的以旁观者知识观为主导的教育制度作有机补充，并且能够或多或少地对整体的教育思想产生触动，是对我国现有教育制度的贡献。

（四）教育思想小结

综述自然教育、建构主义教育和体验式教育，它们与户外教育的关系是自然教育是教育的原点和依据，也是一种教育的回顾与目的。基于此，我们采用情境式、动态生成式、不做提前预设的建构主义的教育思想完成教学过程，其中充满了同化和顺应的动态平衡。户外教育通过一系列的体验与建构，达到把有意义的体验变成有价值的经验，把有价值的经验变成有意义的体验的教育目的和结果。户外教育完成了一个教育循环，三种教育理念各有侧重，它们之间是从原点到过程再到结果的关系。

四、户外教育的存在形式

存在形式指事物性质的体现，且会影响事物之间联系的抽象概念。从大教育观的角度来看，户外教育的存在形式并没有因为是关于户外的教育而有显著性特点，而是与其他学科的教育分类大致相同，分类的剖面也基本一致。本研究按照教育学研究的惯例，将户外教育的存在形式按照教育者和受教育者的主客体关系，分为自我教育与他人教育；按照教育的结构性、设计性的规范程度和教育发生环境正式性，分为正式教育与非正式教育；按照教育是否由教育部门（学校）提供，分为正规教育与非正规教育；按照时空概念，分为家庭教育、学校教育和社会教育。

（一）自我教育与他人教育

自我教育主要指教育的主体客体都是自己的教育，与他人教育相对应，如森林中的独处、个人定向、自学野外生存教材。他人教育指对于受教育者而言，施教者是自己之外的其他人或事物，如户外领队给即将参加独木舟活动的学员讲授技术、安全等。户外教育的所有内容都是经过人类发展而总结出来的文化结晶，可统称为户外文化。户外文化可以是通过其他人传授给学习者的他人教育，也可以是通过自己传授给自己的自我教育。自我教育和他人教育是相互影响的关系，自我教育和他人教育通过教育者的实践活动积累了更为多样和完善的人类户外文化，反过来丰富和影响已有的人类户外文化体系，见图7。

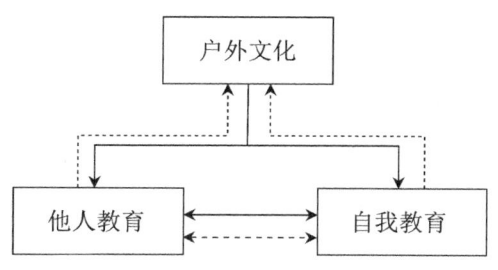

图7　户外教育的自我与他人教育关系图

正如老子在《道德经》所提出的"无为而治"，任何教育都是为了达到"不教育"，即"不教而无不教"的目的，也就是自我教育。提供的所有教育活动都是外因，而受教育者的主动性、自觉性才是内因。只有能够引发、激发自我教育的教育才是成功的教育。自我教育具有自我性、能动性、自主性、社会性和实践性，目的是激发、唤醒、发现、挖掘自我的潜能，以实现真正的自我[1]。

最好的教育是自我教育，可使学生获得自我意识与自我超越。

自我教育分为两个层面：第一，将自我作为客体，自教自学的过程；第二，将所有作为主体自我之外的教育内容内化学习的过程。无论是第一个还是第二个层面的教育都要经过主体自我内化的教育过程，是普遍性的存在，见图8。如果以我们熟知的时空分类法，他人教育可分为家庭、学校和社会三类，这三类主要以他人教育的方式为主，与自我教育之间形成了四位一体的关系。将此关系类比为一个三脚架照相机，则家庭、学校和社会教育分别为三脚架的三个支架，能够合理平衡稳定地矗立，而自我教育就像是抓取景色的照相机。只有三脚架稳定存在，照相机才能拍到照片；但是拍摄到什么样的风景，要经过照相机的调整和选择。如果三脚架之间的发展不科学合理，就会使支架不平衡，为了调整平衡，需要采用非均衡补偿，因此会导致照相机的高度下降，从而影响照相机的视野和景观。如一次攀岩活动，参与者在家庭、学校和社会上积累了不同层面的有价值的知识经验，可以更好地帮助其完成攀岩的挑战，但是在攀岩活动中，参与者收获的突破的勇气、坚持的毅力、保护者的责任与信任、注意力的管控、攀爬技术的掌控、成功后的流畅感等，却主要取决于参与者自身的关注点和自我目标的设定与调整。

---

[1]程文晋，付华.管理视域内的自我教育论［M］.北京：中央编译出版社，2012：124-128.

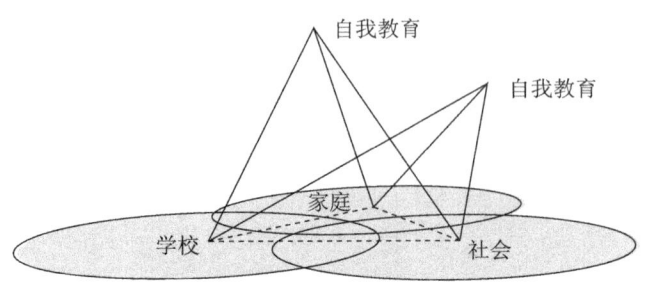

图 8　户外自我教育四位一体图

(二) 正式教育与非正式教育

正式教育指经过设计的具有结构化和系统化的教育活动，通常发生在正式的学习环境中，比如学校或者专门的教育机构。

非正式教育通常指发生在轻松、休闲、日常场景中的非正式环境下的教育行为，比如在家庭生活、户外景区或博物馆游览中。

其实人的一生主要以接受非正式的教育为主，正式教育只是阶段性短暂存在。美国非正式学习协会，将人们一生中的清醒时间（16 小时/天）分配给正式教育环境与非正式教育环境的活动时间相比较。调查图表显示，关于人们在一生中不同阶段花费于正式教育环境下的时间的有效统计中，最高比例的 12~18 岁只有 18.5%，这个比例放在中国可能会略高一些，见图 9[1]。

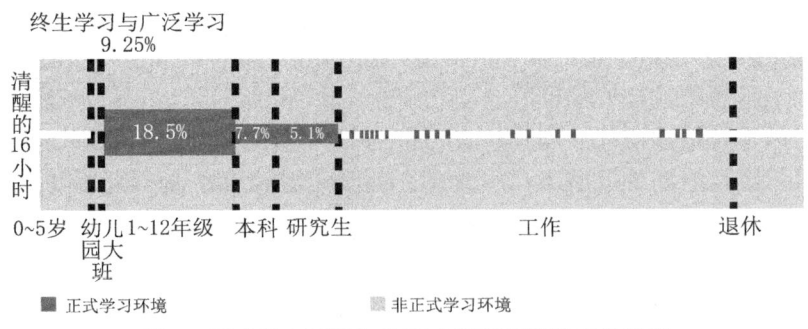

图 9　正式教育环境与非正式教育环境阶段性比较

---

[1] 贝尔，列文斯坦. 非正式环境下的科学学习 [M]. 赵健，王茜，译. 北京：科学普及出版社，2015：26-27.

非正式学习经验的典型特点为学习者是积极主动的、兴趣引导的、自愿的、个人的、持续的、与场景相关的、协作的、非线性的和开放的。非正式学习的参与者的特征是多样化的，包括年龄、文化、社会经济背景及能力。以户外教育为例，可能包括业余户外爱好者、游客、儿童、在校学生、户外从业人员、公司岗前培训者、家庭成员等，这些人可以在家中、公司、旅游景区等非正式的学习环境中探索、学习户外经验和知识。

对于这些活动，学习结果的范围远远超越通常学校学习所强调的概念知识。在各种非正式场景中，学习者可以发展知识、感觉、兴趣、动机、价值观、社会能力和实践经验，培养思维习惯，形成身份认同等，将自己置于越学越感兴趣的轨迹上，可以历时一生、跨越各种社会场景并与主流文化发生紧密结合。

参照户外教育形式连续体（见图 10），可以发现正式教育和非正式教育分别处于连续体的两端，具体详解如下。

图 10 户外教育形式连续体

非正式教育发生的环境通常有两类：一是日常生活的非正式环境，如家庭生活、休闲露营、山林休憩、公司茶歇漫谈、学校课后等；二是经过设计的非正式环境，如户外基地、森林公园、户外博物馆、户外展览馆等。正式教育则发生在经过专门设计的学校、教育机构和教育基地里。

非正式教育的教育内容通常由参与者参与设计、安排和自由自愿选择，具有随机性、应景性、交互性，学习行为的发动源于参与者本身，比如，一个 6 岁的孩子看到《荒野求生》中关于钻木取火的场景，与父亲交流怎样才能做到，并一起尝试。而正式教育的教育内容通常由参与者之外的人设计，需要义务完成，如教师、学校部门、教育主管部门等，比如，户外领导力学校为参加 7 天夏令营课程的学生们设计了一整套涉及户外技能、知识、领导力素养、团队协作的户外活动课程，要求参与者认真执行并考核达标。

参与者随意性、日常化的特点，使非正式教育的教育结果呈现模糊、不确定、低指向性效果，以致评价的难度较大，只能以情境化反馈的方式呈现。比如，某户外机构带着一群新入职员工进行户外徒步以实现团队建设的目的，领队根据地理信息应景回答一些队员对户外如何安全徒步的提问。由于正式教育课程的结构化、制度化、体系化，因此正式教育具有可估性、明确性、高效果性的特点。比如，专修户外领队专业的大学生经过4年的户外知识、技能、人文、领导力、风险评估和相关学科的系统学习，通过严格的课程考核，顺利拿到学位和相关从业资格认证。

随着户外普及化、生活化的发展，以数字化环境为代表的巨幕电影、3D甚至4D电影和其他嵌入式媒体的发展，以及在线教育和移动互联网技术的发展，都为户外教育的非正式化教育提供了有利的教育学习场景，非正式教育对于户外教育价值将更大。

(三) 正规教育与非正规教育

正规教育指由教育部门认可的教育机构（学校）所提供的有目的、有组织、有计划，由专职人员承担的，以影响入学者的身心发展为直接目标的全面系统的训练和培养活动，有一定的入学条件和规定的毕业标准，通常在教室（课堂）环境中进行，使用规定的教学大纲和教材，特点是统一性、连续性、标准化和制度化的教育形式[1]。比如，体育类院校培养户外专业学士、硕士，综合类院校开展户外课程，中小学校开设野外生存课程。

非正规教育指正规教育制度范围以外开展的，为学习个体选择性地提供系统的、有组织的、有学习形式的教育活动，包括各种继续教育、师资认证、岗位培训从业资格、校外教育等。比如，中国登山协会培训部开展的户外初级领队培训、户外师资培训；绿野救援队开展的野外救援人员从业资格培训；新入职员工进行的为期3天的以团队建设为目标的户外拓展训练等。

参照户外教育形式连续体（见图10），可以发现正式教育和非正式教育分别处于连续体的两端，而正规教育和非正规教育主要处于正式教育一侧，可以说，

---

[1]莫再树.晚清商务英语教学源流考镜［D］.长沙：湖南大学，2012.

正规教育是正式教育的典型代表，非正规教育是即将跨越到非正式教育边界内的正式教育，因此两者有不少的共同点。比如，教育活动由学校或专业教育机构开展；都有明确的培养目标，有计划、有组织；需要一定的教学条件；有明确的教师和学生；都需要专门的方法、评价；都是秩序化的学习，学习者处于学习组织的监督之下，其学习活动在很大程度上是为了通过完成学习任务，释放学习组织压力在其心理上形成的张力，而非秩序化的非正式学习，组织或重要他人的权利只是作为主体行动的背景而存在于教育场景中[1]。正规教育以学校教育为主，非正规教育以学校外教育为主，也会有学校内的短期继续教育；正规教育的教育目标具有统一性和同质性，非正规教育目标具有多样性和个性。

目前我国的户外教育出现了非正规教育与正规教育之间极大不平衡的现象，甚至地位倒置的现象。以学校为代表的正规教育机构并没有提供足够多的专业户外课程及参与体验类户外课程，甚至绝大多数的学校零提供。因此，以行政为主导的学校应该深入研究户外教育的价值意义，开展普及形式、专业师资培养等策略并采取购买优质户外教育的公共服务课程进入校园等举措，积极开展供给侧改革，切实为学生素质的全面提高提供优质教育资源。以行业协会和专业户外教育机构为代表的非正规教育，为我国户外教育的发展、普及作出卓越贡献，使更多人民受益。但是，非正规教育在系统性、公益性、学术性、人文性的先天不足，使我国户外教育的定位和发展目标出现阶段性短视的问题。因此，正规教育和非正规教育应加强合作，使两者优势互补，形成引导和推动我国户外教育健康科学发展的合力。

（四）家庭、学校和社会教育

以教育资源的时间、空间和人际的三位统一作为标准，教育可划分为家庭教育、学校教育和社会教育，也是理论界和实践界广泛采用的教育分类方式。本研究也将从家庭、学校和社会三位一体的角度来阐述户外教育的实践路径。

教育的发生一定具备时间、空间和人三个元素，这三个元素形成了一个"时空人际场景"的教育整体。从目前来看，人类社会的"时空人际场景"，由家庭、学校和社会三者组成。随着技术的进步，这个概念将逐渐模糊，将会出现越来越多的"家校联合教育"或者"家社联合教育"的融合性教育。

---

[1]张守波，王坤，刘广远，等. 开放办学：凸显教育新理念——渤海大学"开放办学"模式个案研究[J]. 辽宁教育研究，2004（4）：22-23.

1. 家庭教育

2016 年 12 月 12 日，习近平总书记在第一届全国文明家庭表彰大会上强调，家庭是人生的第一个课堂，父母是孩子的第一任老师。家庭是社会的细胞。家庭和睦则社会安定，家庭幸福则社会祥和，家庭文明则社会文明。无论时代如何变化，无论经济社会如何发展，对一个社会来说，家庭的生活依托都不可替代，家庭的社会功能都不可替代，家庭的文明作用都不可替代。希望大家注重家庭、注重家教、注重家风。家庭是人类社会发展到一定历史阶段的产物，指人们以一定的婚姻关系、血缘关系或收养关系组合起来的社会生活组织形式，是关系密切、共同生活的小型群体，是社会的基本单位和细胞[1]。尽管在现代社会，家庭教育职能越来越多地转移给学校和社会，但是家庭担负的教育义务和责任仍然很重要。

家庭教育是在家庭生活中，家庭成员之间随意或刻意进行的自由教育。家庭生活没有明确的边界，从空间上看，家庭教育活动并不局限于家庭住所，也可以扩展至整个社会和大自然中；家庭教育也没有固定的时间界限，家庭成员活动的时间都可以成为家庭教育的时间，如清晨登山观看日出、夜晚露营观察星座、周末游览山野、假期远征历练。因此，《教育大辞典》认为，家庭教育通常指父母对儿女辈进行的教育，是家庭成员之间的互相影响与教育。相对于制度化、组织化和仪式化的学校教育，家庭教育是生活化、碎片化、亲和而自然的非正式教育。时间的自由与空间的外延相结合，使家庭教育更加丰富多彩、细致入微，影响也更加深远。

（1）**家庭教育的性质**

第一，教育者随机而教，融入家庭生活中自然而然进行的教育。马克思指出，家庭内部人际交往关系是"人和人之间最自然的关系"，家庭教育不存在经济互惠互利的"知识转让"关系。第二，家庭教育是建立在亲密亲情关系之上的教育。古人云："知子莫过父，知女莫过母。"家庭群体中交往接触的密切性，更多以非正式高频度的亲子关系形式出现、具有天然性、普遍性、亲和性、特殊性和多重性的特征。因此，家庭教育呈现私人性、随意性、复杂性和多样性的特征，也是家庭教育规律不好研究的原因之一。第三，家庭教育是持续性、长期性的教育。家庭教育的深刻性、继承性，对受教育者的控制具有多维性，家庭群体

---

[1] 孙宏宇，程现昆. 艺术伦理视域下的大学生审丑现象研究 [J]. 赤子（上中旬），2015（14）：100-101.

中教育和生活的统一，以及终身教育思想的指导，使家庭教育对人的影响具有可持续性。

（2）**家庭教育的功能**

第一，家庭教育对于未成年人是个体社会化和个体个性化功能。家庭毕竟是社会的重要组成部分，对于家庭的新生力量，要通过潜移默化的户外教育过程，使其成为一位更完善的社会人，同时，由于家庭和家庭教育的多样性，青少年们能够自由而个性地成长。第二，家庭教育对于成年人主要有心理支持、提升素质和使家庭幸福功能。在家庭生活和教育中，与最亲密的家人的交流学习可以减缓工作压力，帮助适应新的更大户外风险和困难的挑战；也能够互相取长补短，学习相关知识，提高能力；与家人尽享户外休闲的乐趣，还可提高生活和生命质量，促进家庭的幸福和睦。

（3）**家庭教育的形式**

第一，家庭内部成员之间的教育行为，按照家庭成员之间的家庭代际关系和施教者与受教者的身份，可以分为晚辈向前辈学习的前喻文化教育、前辈向晚辈学习的后喻文化教育，以及长辈和晚辈都向自己的同辈学习或互相学习的并喻文化教育。第二，家庭外部对家庭内部实施的教育行为，通常指在自然中参与专业户外教育机构组织的亲子教育活动。

（4）**家庭教育的影响因素**

家庭教育的影响因素主要由显性因素和隐性因素组成。显性因素主要包括教育观念、教育内容、教育方法和教育策略；隐性因素主要包括人际关系、家长的道德素养、文化素养、兴趣爱好、生活条件和生活方式[1]，见图11。

成功的家庭教育需要具备亲人关系间的浓浓爱心、夯实发展的全面基础、精选的教育内容和方法、身教言传、和谐家庭环境和不断创新。

卢梭的《爱弥儿》中有一句话："家庭生活的乐趣是抵抗坏风气毒害的最好良剂。"家庭乐趣不仅是一家人徒步出游、聚餐，还应该包括呵护、引导、管教，父母教育孩子要密切配合，家校之间教育孩子要密切配合，营造良好的关心户外、学习户外、享受户外的家庭教育气氛。家庭教育具有封闭性和开放性的二律背反现象，既关乎家庭自身，又关乎全社会。因此，家庭教育要和学校教育、社

---

[1]骆风. 幸福两代人：北京大学硕士生家庭教育探秘［M］. 北京：中国社会科学出版社，2007：4-5.

会教育密切配合，才能形成联动的最优教育效应。

在进行家庭教育时，也要考虑独生子女、残障青少年、问题青少年和单亲家庭孩子的不同特点，针对性地开展适宜的户外教育活动，才能取得更好的教育效果。

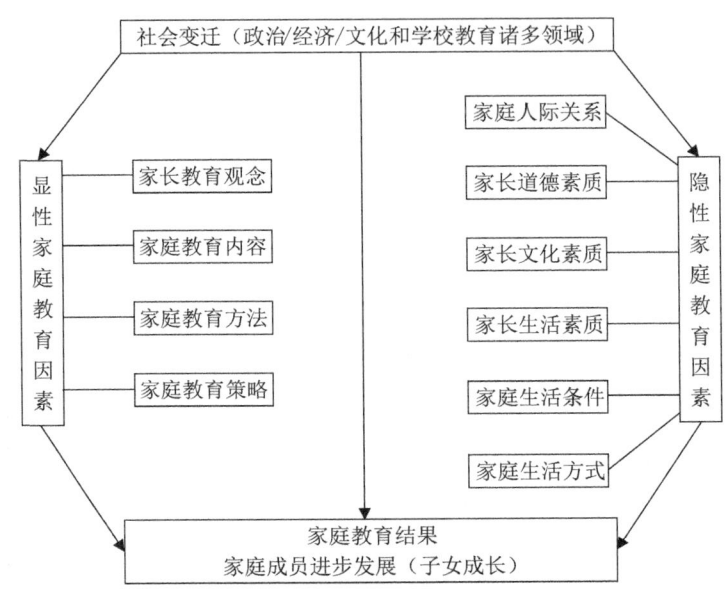

图 11　家庭教育的影响因素

2. 学校教育

学校教育是人类社会发展进步的历史产物。原始社会没有专门的教育机构和专职教育人员，囿于生产力水平低，教育没有从社会生活中分化成专门的事业。随着经济社会的发展，专业的事交给专业的人去做，学校教育也应运而生，有了专门的场所、统一的时间、专职的教师和专门设计的课程。其中学校教育制度简称学制，指一个国家各级各类的学校系统，具体规定学校的性质、任务、入学条件、修业年限及彼此之间的关系。学制的建立为实施正规的学校教育提供了基本的制度保障[1]。

学校教育作为时代的产物，也担负着为所在时代培养国家和社会所需人才的重任。当今中国，需要培养社会建设的合格人才和接班人，因此学校教育要围绕

---

[1] 龙宝新. 知识变迁与制度调适：现代学制的知识学观照 [J]. 高等教育研究，2006（3）：28-33.

这个目标，设计一系列的课程体系，从而达到培养自由发展的人和社会需要的人的教育目标。

我国的学校教育组织体系主要由正规教育和非正规教育组成，见图12。正规教育主要包括学前教育、初等教育、中等教育、中等后非高等教育、高等教育五部分[1]。非正规教育主要指学校教育机构提供的非学历继续教育，主要包括职业资格证书教育、其他资格证书教育和非资格证书教育。

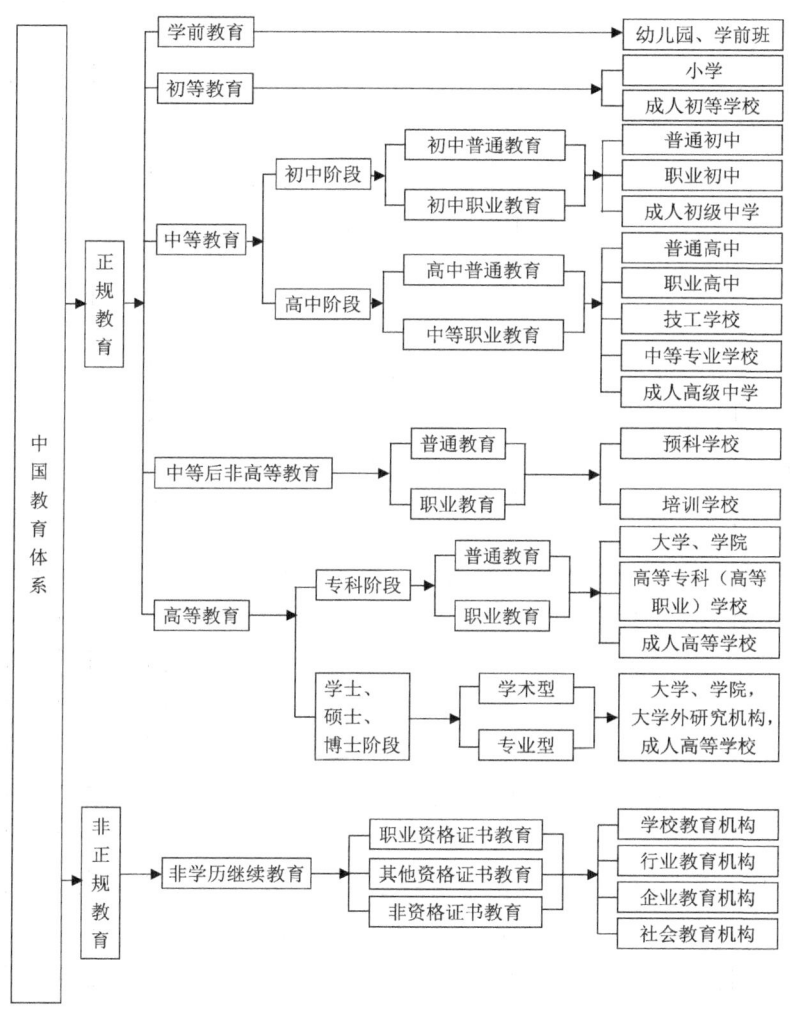

图12　我国的学校教育组织体系

[1] 褚宏启. 中国现代教育体系研究 [M]. 北京：北京师范大学出版社，2014：51-52.

户外教育作为一种更为广泛存在的教育内容、形式，甚至是方法和手段的载体，本应该像西方教育发达国家一样，在各个层级的学校教育系统中都开设相应课程。但是目前，我国户外教育在学校的开展很缺乏，主要的开展形式有专业方向课和兴趣选修课两种。户外专业方向课通常是为了培养社会所需要的户外教育人才而开设的教育体系，比如，北京体育大学开设的户外专业方向的本科和硕士课程，经过4~7年的授课，培养出一批能够胜任户外教育事业的人才。户外兴趣选修课主要是为了普及和传授户外相关知识技能，培养学生户外兴趣爱好，提升学生参加户外教育相关活动的胜任力。这类课程开展广泛，从学前教育到高等教育都有开设，且内容和形式多样，比如，幼儿园为培养学生的协调能力和注意力开设的攀岩抱石；小学为培养学生的定向决策能力，开设的定向越野；初中为培养学生的野外求生能力，开设的野外生存课；高中为培养学生的意志品质，开设的远征游学实践课；大学为培养学生的社会服务能力和领导力，开设的野外科考实习课等。

学校的户外教育主要以五种方式呈现：户外教学课程、户外社团、户外赛事、户外活动和户外科研。这五种户外教育的呈现形式几乎涵盖了所有学校户外教育，并且能够很好地形成一个良好的户外教育生态圈。这个户外教育生态圈是一个有生命力、活力的自组织，有课堂教学，有野外实践；有实践，有理论研究；有学生，有老师；有日常户外活动，也有品牌赛事；有科学技术，也有人文精神；从而能够相互助力，健康发展。当然，有条件的学校按照这个模式建构学校户外教育路径效果最好，如果条件不足，也可以各个环节单独存在，然后逐渐发展齐全。

随着产学研的结合，学校户外教育的营地及装备等硬件投入也将会进入户外教育生态圈中，并占有一席之地。

3. 社会教育

从图10户外教育形式连续体中可看出，学校教育和家庭教育分处连续体的两端，而社会教育处于连续体的中段的绝大部分区域。教育是一项系统工程，要实现教育目标，单凭学校教育的有限资源是远远不够的，还必须整合一切可以利用的社会教育资源[1]。社会教育资源主要包括社会人文、自然资源，如户外营

---

[1] 王美娟. 社会教育资源与素质教育的联系及作用 [J]. 科技风，2012 (12)：241.

地、公益性文化设施、户外运动公园、自然实习基地等社会场所资源。充分利用这些社会教育资源，有利于培养学生的实践能力和创新精神，有利于资源整合和教育公平，有利于全面推进素质教育。

广义的社会教育指学校与家庭之外的有意识或无意图培养人，并使人身心和谐发展的各种社会活动。狭义的社会教育指家庭、学校教育之外的社会文化机构、社会团体、其他社会组织及个人对社会全体成员所进行的有目的、有系统、有组织、独立的教育活动，特别是对青少年所进行的教育[1]。

社会教育的特征，从性质来看是继续教育，从对象来看是全民教育，从时间来看是终身教育，从空间来看是全面教育。社会教育还具有教育形式多样性，教育内容丰富、实用性，实施机构广泛性等特点。

社会教育的主要对象包括成人教育、在校青少年的校外教育和青少年的社会工作三大部分。成人教育是全面开展户外教育、普及户外文化、传承户外文化，实现终身教育和学习型社会建设目标的必经之路。在校青少年的校外教育是对当前我国学校户外教育开展缺失的有益补充，为实现全人教育的目标作出重要贡献。青少年的社会服务工作、志愿公益活动及社区服务活动是服务社会的实践行为，也是培养合格公民的教育手段。

依据教育主体的不同，我国的社会教育体系主要由机构教育、社区教育和传媒教育三种类型教育构成。机构教育即由青少年宫、青少年户外营地、工人文化宫、博物馆、科技馆、图书馆等社会教育机构开展的社会教育。社区教育是以社区为单位、场域和平台，以其居民为对象实施的集体教育活动，指一定地域空间的人们的生活共同体。传媒教育即由大众传播媒体开展的社会教育，如通过网络、电视和数字媒介等传播户外教育内容。此种分类会存在不同程度的重叠，因此本研究只以提供户外教育的机构组织的类型进行分类，将其社会教育大致分为行业协会、专业户外机构、民间个人与团体、个人自学与单位自导、户外文化机构及其他。

户外教育的社会教育结构复杂，影响因素繁多，大致可以分为宏观环境、中观环境和微观环境，见图13。宏观环境指其外部的、不可控的整体时代背景、间接环境，比如，经济发展、全民健身与休闲时代、生态文明建设、传统的山水观、人文精神。中观环境指其所处的竞争环境，也就是难控制或直接环境，比

---

[1] 侯怀银，张宏波. "社会教育" 解读 [J]. 教育学报，2007（4）：3-8.

如，社会户外教育资源、非户外类社会教育，学校户外教育、家庭户外教育，环境教育、生态教育，行业协会、主管部门、科研机构等。微观环境指其内部的要素和资源，也就是可控制环境或内部环境，比如，户外教育学习者、课程、师资、评价、技术、标准、目标、价值、营地、管理、宣传、流程、数字技术等。只有顺应宏观环境，处理好中观环境的关系，提高和优化微观环境的结构，才能使社会户外教育做到可持续发展。

图 13　社会户外教育环境分析图

当前我国户外教育的社会教育发展规模和效果要远优于学校教育和家庭教育，但是仍然存在一些亟待解决的问题。比如，从业人员的教育胜任力和素养有待提高；整个行业缺乏统一规范标准的管理及有效监管，需要积极的政策引导和整个架构的顶层设计；社会户外教育资源的配置未做到最优化，过多追逐经济效益，而没有平衡好教育效益和社会效益；未能与学校和家庭形成良好的互动；实践活动多，缺少系统的理论研究和梳理。

4. 家庭、学校和社会教育小结

　　家庭教育、学校教育和社会教育各有千秋，只有各尽其职、相互协调，才能保证教育系统的协调，这是务必遵守的客观规律。三方协调一致、互相配合有利于实现整个教育在时空上的紧密衔接，有利于保证整个教育在方向上的高度一致，有利于实现各种教育间的互补作用，从而加强整体教育的有效性[1]。三者在人生历程中所发挥的作用效能是一个动态发展的过程，见图14。

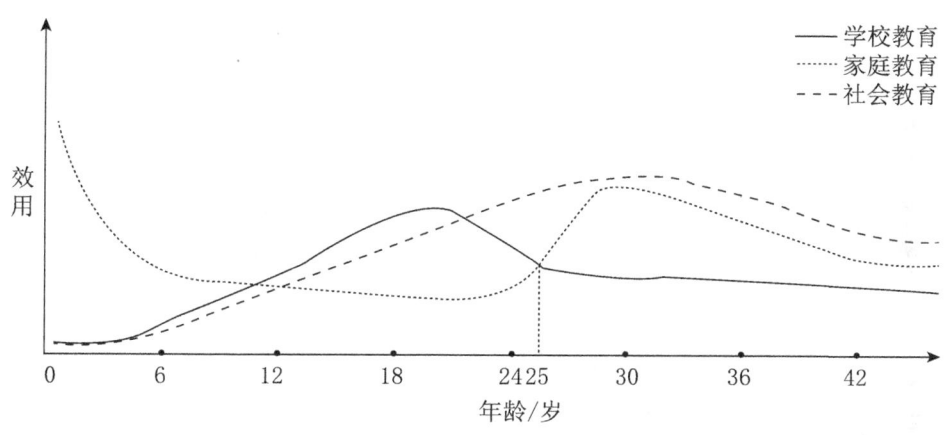

图14　学校教育、家庭教育和社会教育时空关系

　　如果家庭教育、学校教育和社会教育三者发展不均衡，就会造成教育系统的失调，各种教育形式所承载的功能也会发生倾斜，势必造成受教育者利益受损。以盈利为主要目的的社会教育高度发达，以强者的姿态挑战了家庭户外教育和学校户外教育，越俎代庖地承担了家庭或者学校的教育任务，导致家庭和社会教育沦为社会户外教育的附庸。当然，这样的发展也会倒逼政府和学校大力发展户外教育，比如，2015年苏州市登山户外运动协会联合教育局开展的攀岩进校园活动就是成功案例。

　　学校教育与家庭教育要加强建设通联体系，增强互相配合和互补。学校教育是家庭教育合理的深化和系统化，家庭教育是学校教育的基础和起点。学校教育与社会教育要加强通联，建立稳定联系，增强互相配合，有稳定的户外教育产品

────────────

[1]广东佛山南海实验中学课题组．搭建两翼一体的德育新体系［C］// 全国教育科研"十五"成果论文集（第四卷），2005：3.

对于双方都是一种合作共赢。家庭教育与社会教育要开展更多的亲子互动活动，是社会外部对家庭教育的主要形式。两者要互补，不要错位，社会教育是家庭教育的拓展，家庭教育是社会教育的基础，也是社会教育的调节器。

五、户外教育的目标

人的奥妙在于教育，一方面是说人的发展离不开教育，教育是人类自我塑造的主要方式；另一方面是说教育能够使人的奥妙显露出来，主要是通过增强人的知识和智慧来实现的。这就是教育之于人，人之于教育的意义和目标[1]。

以人本主义哲学观为指导的户外教育目标定位为发展人的本质，以及人与自然、人与人之间的关系，是确立户外教育目标的终极依据和指导方针。

户外教育的开展源于人性对探险、冒险的强大需求，正是好奇心促使创新，推动社会的巨大进步。但是东西方是有区别的，西方人更倾向在不确定性中驾驭，从而获得成就感，使社会生活更加丰富多彩。比如，美国最受欢迎的棒球运动就是凸面对凸面，变化莫测，而中国最流行的乒乓球是平面对凸面。也正是人类对于挑战的不确定性，才使户外教育以一种独特的形式存在于人类文明的进程里。户外教育通过对教育目标的完成，担负起对于人，以及人所在的社会和自然环境的历史使命和责任。

当今中国，户外教育具有重要的现实意义和价值。以"物化"人为代表的应试教育观深深影响了人的自由和全面发展的人类发展目标。户外教育的出现是对当前教育的有益补充，为素质教育提供了平台，也为教育供给侧改革提供了突破口和新思路。户外教育提倡的素质教育、环保教育、生命教育、社会服务、自我挑战、团队协作等核心理念都是当前教育和社会发展所积极倡导和弘扬的核心价值观。

（一）个人的全面发展

根据国内外有关户外教育目标的大量文献，结合笔者的研究，设计了户外教育之个人的全面发展目标结构图（图15），将个人的全面发展分为三个方面。一是关于人自身的能力提升的教育目标；二是关于人作为社会人的能力提升的教育目标；三是人作为所在自然环境中的人的能力提升的教育目标。

---

[1] 岳伟. 批判与重构 [D]. 武汉：华中师范大学，2005.

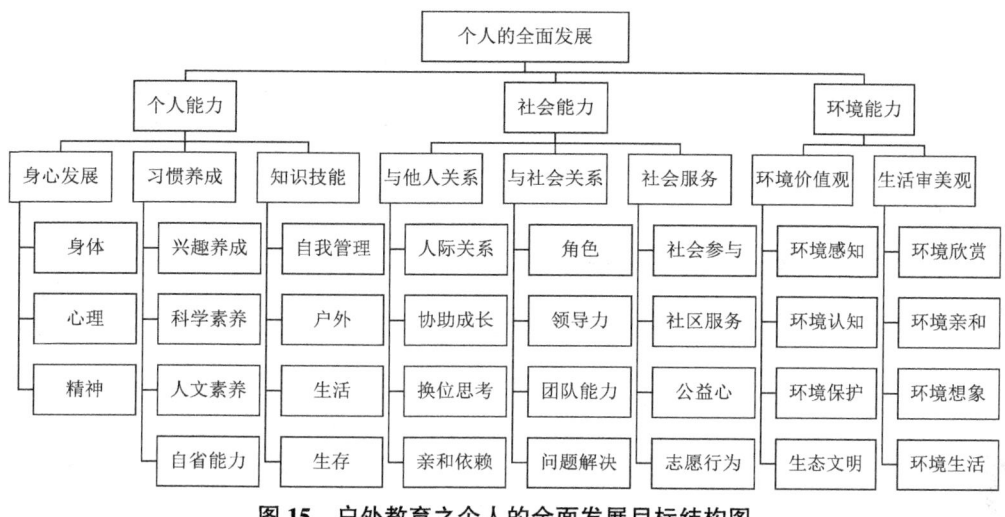

图15 户外教育之个人的全面发展目标结构图

1. 个人能力

个人能力指人自身（Self）内在和外在自我和谐发展的能力。人自身的身心建设是一切发展的基础，要做到身心的、认知的和人格的和谐发展。身心的和谐发展主要包括身体和心理的协调发展、物质与精神的协调发展；认知的和谐发展主要是主观思考与客观存在相一致，以及主观思考的全面性；人格的和谐发展主要指人格中各要素的完善和均衡发展。

（1）身心的发展

身心的发展主要为通过户外教育促进身体、心理和精神层面的提升。①身体的发展主要是关于人生理状态层面的能力提升，比如，通过参与户外教育的徒步远征、登山攀岩、独木舟等运动项目，提升人体的有氧功能、力量素质、平衡能力、灵敏性和肌肉耐力等，达到使参与者的身体更强壮、体质更健康的教育目标。②心理的发展主要是关于人心理状态层面的意识和能力的提高，比如，通过户外教育的一系列冒险体验的挑战，成功地将貌似不确定、有风险的问题解决，而获得自信、流畅感、注意力、自我感知力等，以及自我概念、自尊、自律、成就感的提升，从而带来良好心理状态和心境并达到持续发展心理健康的教育目标。③精神的发展主要是关于人的意识、思维活动和情感积极状态的发展提高，比如，在户外教育中，人们要克服恶劣的自然环境、匮乏的物资保障、严峻的风险挑战，历尽艰辛万苦，方能达到项目的成功、自我的超越、心灵的洗礼和精神意志力升华的教育目标。比如，在超长距离（通常大于200公里）越野跑者的世界里，他们都是那么刚毅和坚持、平静和安详。在山林里奔跑，使他们的灵魂得到了安放，一个人无论多大多小，总要找到灵魂的归宿和精神的家园。无处安放的灵魂是可悲的，而当今的时代，现实的务实主义让人们丢失了方向，庆幸的是户外可以为我们疗伤。

（2）习惯的养成

习惯的养成主要包括兴趣爱好、科学素养、人文素养和自省能力的养成。①兴趣爱好的培养指人们通过亲历户外教育活动，从中发现和培养个人对于户外活动、户外挑战、户外休闲、户外生活等户外相关活动的兴趣爱好，并使之成为个人物质和精神生活不可或缺的内容。②科学素养的培养指参与者通过一系列的户外教育活动，丰富和提高与户外相关的客观事物的本体论、认识论和方法论。比如，经过一次户外实践，完善行动主体关于天气、地质、动植物、几何、营养、运动科学的认识和理解。③人文素养的培养指提高主体行动者在参与户外教育实践过程中，表现出的关于现在及历史的人、物的各种文化现象，更多地表现为人文关怀。人文素养的增强是户外教育界最当务之急的事情。④培养人的自省能力并使之成为一种习惯，是户外教育最重要的教育目标。台湾大学原校长傅斯年曾说："一天只有二十一小时，剩下三小时是用来沉思的。"当反思开始的时候，才是学习真正发生的时候。户外教育者总是告诫户外登山者，真正的登山开始是登山回来开始思考登山这件事的时候，这个时候的反思是连接物理上的登山和生活上、心理上的登山的最重要纽带。又比如，反思发现不同的运动项目需要运动员具备不同性格，如户外活动的焦点通常在于修炼自己，球类项目的焦点在于处理与他人的关系。由于户外风险大，越有经验的队员越趋于保守，因此越有经验的队员越趋于修炼自己，而团队球类项目更多关注团队，从而达到性格与项目的平衡可持续。不同的户外教育项目也适用此道理。

（3）知识技能的发展

知识技能的发展主要包括自我管理、户外、生活和生存知识及技能的发展。户外教育的一个基本要求就是做最好的自己，将学习者培养成具有自我管理的知识、技能，熟练掌握关于生存、生活和与户外活动相关的定向、装备、徒步、露营、后勤、救援、急救、气象等知识技能的人。

2. 社会能力

社会能力指人与他人和社会处理关系（Social），并服务社会的能力。亚当·斯密认为，每个人改善自身处境的自然努力都在其内心潜伏着，是人类生命和社会进步的主要源泉。当个体与同类聚合并有交集时，这种政治经济学的原理就灵验了。人总是生活在一定群体中，马克思定义人是一切社会关系的总和。人与人之间总会发生这样那样的社会关系，户外达人鲁滨逊式的人物只存在小说世界里。

（1）人际交往能力

人际交往能力使人与人之间处于一种健康、有序、协调的状态，培养人际交往能力是户外教育的重要目标。人际关系的协调发展、协助他人共同成长、沟通时的换位思考、人的亲和善交能力及依赖性等都是可以通过户外教育获得的。在户外，人们常讲去哪儿不重要，跟谁去才重要，说明了人与人之间关系的重要性和发展性。处理与他人关系的能力是户外教育的培养目标之一。

（2）社会与团队能力

社会是人的社会，人是社会的人；人与社会发展具有同步性和协调性。这种能力包括清晰认识所在团队的角色定位、领导管理自我和团队的能力、对于团队的影响力、问题解决能力等。在户外教育中，在共同面对各类挑战时，团队中的每一个人都会从不同的层面得到成长。比如，一次海拔 1200 米的登山活动，体力弱者专注于保持和有效利用体能完成徒步活动，而使其体能和徒步技术提高；体力强者可能专注于沿途风景而更深刻地愉悦身心；领导力强者专注于管理带领团队、管控风险，而使其领队能力提升。登山的过程中，大家的关系是平等的，而能力是不平等的，因此也孕育出了怜悯之心和协助友爱精神。这正是发展个人社会关系能力的价值所在，如人们常讲的"一个人可以走得很快，一群人才能走得更远"。

（3）社会服务

良好公民意识的培养、具有社会服务意识、利用户外教育的机会开展所在地的社区服务、具有公益心、开展志愿服务等服务社会的素养是当今户外教育的重要发展趋势，是户外教育价值最大化的深耕。户外教育通常强调关注自身与环境的交互关系，并将其做到极致，从而使个人收益最大化。但是，我们怎能只从自然和社会中索取而不回报呢？社会服务的加入是户外教育目标再平衡的有力保障。比如，在前往边疆贫穷地区登山的时候，顺便为当地进行支教和捐赠、协助处理垃圾、开展环境保护宣传，顺便培训当地人的户外运动技能，使其完成职业和经济转型。

3. 环境能力

环境能力指人与所在环境（Environment），尤其是自然环境的相处的能力，主要包括个人的环境价值观和自然生活审美观。人们原本是从大自然中走出的，环境能力的培养是人本能的回归和发现而已。

（1）环境价值观

环境价值观主要包括个人的环境感知力、环境认知力、环境保护意识及生态文明理念的培养。卢梭说："人最初的自然活动源于他努力应付周围环境的一切，源于探究他对与他相关的不同物体的感觉的性质。"户外教育的主要活动实施在大自然的环境中，没有任何一个学科的教育对于户外自然环境的依赖程度有如此之高。培养人的自然环境价值观需要采用积极的教育行为，而不能采用卢梭所谓的对人类社会消极的"自然惩罚"方式，因为其过程可能不可逆。中国登山协会倡导"科学、安全、环保"的户外理念，国际通用的 LNT（Leave no trace）法则广为人知，户外教育中要严格执行，并进一步发扬创新，比如，让环保的端口前移，在户外活动出发前就开展拆包环节，尽可能少带不可降解的包装和物资。但是我们也要防范极端的环境保护主义，只要符合大自然的环境生长规律就可以，避免过犹不及，比如，将自然降解速度很快的瓜果皮又带回城里，反而造成多余的碳排放。

（2）自然生活审美观

自然生活审美观主要包括环境欣赏力、环境亲和力、环境想象力和自然环境生活享受能力。爱美之心人皆有之，当自然环境融入生活中，当人的思想和身体都融入大自然的环境中，户外教育培养人们的自然生活审美观就水到渠成。将环境保护及环境意识生活化、轻量化，从而使户外教育的目标得到升华，享受环境带来的愉悦感。在这里，户外教育做到了不必自驾，可以乘坐公共交通或徒步或轻骑；不必找柴生火，可以自带煤气和炉头；不必多日重装，可以多日轻装和农家乐……

（二）人与自然的和谐发展

回顾人类文明的发展史，就是人与自然的和谐相处史。无论任何时代，自然对于人类发展都是最重要的，也都验证了恩格斯《自然辩证法》一书提出的"报复论"，即人与自然必须和谐相处，如果人类在其社会实践中破坏自然界的平衡，必然会遭受自然界的报复，面临生存危机[1]。我们之所以提倡和谐相处，既是因为这是亘古不变的规律，也是因为人与自然一直没有达到和谐相处的状态。

自古以来，我国传统文化中就强调"天人合一"的思想和发展。这一思想最早由道家提出，后被儒家思想所吸纳采用，对后人有深远影响。春暖花开时节，约上好友去踏春，九九重阳登高远望，即使不能做到身临自然山水间、参加户外活动，也可以发出"仁者乐山、智者乐水"的感慨，或者寄情于山水诗画、山水林园建筑，都体现了人们对于人与自然和谐融洽相处的向往和追求。季羡林曾将"天人合一"思想评论为"一个非常伟大的、涵义异常深远的思想"。"天"作为自然之天，与人的合一从某种意义上强调了今天所提倡的人与自然关系的和谐，是人们对日常生活价值目标的现实追求和理想选择。户外教育的重要目标就是教育人们理解并真正做到"天人合一"、与自然和谐相处的境界。

户外教育要秉持可持续发展的理念，遵循自然、善待自然。在户外教育的活动中，要遵循天地人的自然规律，不可违背、不可心存侥幸；要摒弃工业革命以来关于征服与被征服的人类强权心态，我们只是匆匆而幸运的过客，而山水亘古不变地存在着，不以是否登顶、是否穿越成功而改变，改变的只有主体行动者的身心；要摒弃"人类中心主义"，用科学的"以人为本"的观点来和大自然打交道。

举例来讲，都市人来到山村里开展户外活动，收获了自己想要的美景欣赏、乡土气息、身体锻炼、精神愉悦、心灵涵养等体验，却又要让村民和山村一直保持原生态的自然与人文原貌。都市人体验了、收获了、改变了，而没有给当地带来什么，却不允许、不接受他们向善的改变，这就是一种自私的"人类中心主义"想法。我们应该换位思考，理解他们的诉求，以人与自然和谐相处、共同发展的思路来与人和自然相处，各得所需才是最完美的结果。

---

[1]李婧媛. 论和谐社会主体——"和谐人"的塑造 [D]. 哈尔滨：哈尔滨工程大学，2008.

当前，我国教育的危机在于物化人，使人成为了功利主义的工具，户外教育要致力于使人成为自然人、社会人、真正的人。户外教育通过个人全面发展的关于自身、与他人和环境三方面的教育发展，最终实现人性的自由和人的解放的社会发展目标；通过人与环境和谐发展的教育目标的实现，推动人类与所在生存环境共生共存的人类可持续发展目标。发展遵循着"和而不同"的发展理念，在人、社会和环境的良好互动下，最终实现"各美其美、美人之美、美美与共、天下大同"的人类发展目标。

六、户外教育的教学要素

户外教育的教学要素，以传统教学论的七要素学说立论，结合户外教育的自身特点，从目标、内容、参与者（教师与学生）、环境、方法、评价与反馈七个要素进行阐述。如图16所示，户外教育的教学任务是达到教学目标，而教学目标通过教师作用于学生得以体现。为了达到教学目标，需要以教学内容和教学方法作为中介。整个户外教学过程中，环境对于教师和学生有着尤其重要的影响。户外教学效果是否达成，需要师生的反馈和评价来判断。因此，教学的七要素之间相互作用和影响，形成了户外教学的有机体。

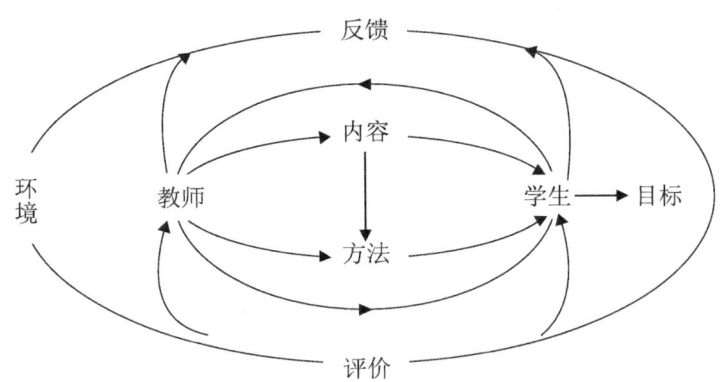

图16　户外教育的实践要素图

（一）教学目标

教学目标是在户外教育思想的宏观指导下，各相关教育机构所设计的户外教学活动的目标，也指在教学活动中所期望得到的学习者的学习结果。在教学过程中，教学目标起着十分重要的作用。教学活动以教学目标为导向，且始终围绕实现教学目标而进行，对具体的教学行为起到指引、激励和标准的作用。根据户外人群的不同，以及同一人群的不同参与水平，设置的具体教学目标要具有连续性和进阶性，各个具体的教学目标要相互衔接、互相促进；既要注意一般与具体目标相结合、个人与集体目标相结合、个人横向与纵向目标相结合，还要难度适宜、便于检测。由于户外教育的教学内容、手段载体众多，以及在不完全确定的自然环境中以展开体验式教学实践为主，都决定了户外教育的教学目标还有偶然性和动态生成性的特点，要求施教者要采用机智灵活的策略，应景、应情地适时调整具体的教学目标。

（二）教学内容

基于大教育观的户外教育几乎涵盖了所有在户外、为了户外或与户外相关的体育教育行为，具体教学课程非常丰富。比如，陆地、水域和空中的不同户外运动项目，不同环境下的野外求生课程、自然课程、人文社会课程、劳动课程等；具体的教学形式众多，比如，正规的户外运动课程，各类户外赛事、户外活动、户外讲座、户外文化展演等。

一般教学论的规律是教学目标决定户外教育内容，但是由于户外教育的自然主义、体验式与建构主义的教育思想，有时参与者的体验和实时的教学内容会改变或影响教学目标，因此教学目标与教学内容处于动态平衡的互动状态是户外教学的最显著特点。户外教学内容通常以活动类、融合类、关联类、问题解决类和跨学科类的方式呈现，在教学实践中要做好系统知识与直接经验、知识技能与人格培养、统一要求与个性多样化、显性与隐性目标的有机结合。

（三）教学方法

户外教学过程中，参与者为了完成教学任务、实现教学目的而采取的教与学相互作用的活动方式，主要有教学的具体方法、教学组织形式和采用教学媒介，比如，说教、体验、实验、讨论等具体方法，一对一、小组学习、班级学习等组织形式，幻灯片、户外电影、移动互联技术等媒介。户外教学由于典型的体验式学习特点，因此具体户外教学方法的选择要根据三大层面、六大要素、具体元素相结合来设计，见表8。

表 8　户外教育教学方法分类一览表

理论性方法 （三大层面）	规律性方法 （六大要素）	具体方法	
		具体元素	教学方法实例
外部环境	环境	挑战、活动、旅程、障碍、规则、现实等	在貌似有生命危险的情境里完成高空速降
	地点和元素	水、火、空气、黑暗、室内场地、野外等	在风雨中完成项目；在黑暗中组织独处或救援技术演练
感官器	感官	眼睛、耳朵、嘴巴、鼻子、神经、直觉等	在徒步中禁言，感受身与心的对话
	情绪	进攻性、烦闷、害怕、希望、快乐、悲伤等	营造一种煽情和悲恸感恩情境，开展亲子户外教育
内部环境	智力形态	语言、逻辑、空间、音乐、身体、内省、人际、观察、思考	进行 Solo 露营；在必要时候宣布团队挑战项目失败，引起深刻内省和反思
	学习方法	计划的、紧急的、实用主义的、同步、回顾、展望式学习	真正的登山在登山结束后开始思考登山这件事时才刚刚开始

（四）参与者——教师和学生

人本主义哲学观指导下的户外教学，最看重人的自由和全面发展，并严格遵照人的自然性、社会性、发展性和实践性的属性开展具体的教学活动。学生具有可教性和能动性，以及教师具备户外教学的胜任力是教学实施的必要条件。其中教师的作用至关重要，教师要具备专业的户外知识、高尚的人文素养和丰富的教学知识，并且具有语言表达、观察、组织、反思和控场的教学活动能力，既要成为学生的榜样、团队的领导者、人际关系的艺术家、学生的调适者和户外教育的研究者，还要成为教学情境的设计者、学生困顿时的指导者、和学生一起努力的学习者。人是户外教学的出发点，也是终点，无论是教师还是学生，都要遵循个体发展规律、学习规律，并发挥主动性，提高参与户外教育的动机。

（五）教学环境

杜威曾说："成人有意识地控制未成年人接受什么教育的唯一方法，就是控制未成年人的环境，他们在什么环境下活动，就在什么环境下思考和感受。"户外教学的环境更是具有决定教学效果成败的作用，通常由物理环境和心理环境组成。所谓物理环境可以是营地、登山健身步道、城市绿道、郊野公园、国家森林公园，以及学校户外场地等；心理环境主要指在户外教学中的人际关系、校风班风、课堂氛围、心理定势等。在设计教学环境时，尤其是青少年户外营地的设计，要注重规范性、可控性、纯化性和教育性，让环境能够自然发挥导向、凝聚、激励、陶冶、健康和美育的功能。青少年户外教育主要是开展营地教育。2015 年，我国国家级户外营地有 164 个，较为均匀地分布在我国的东中西部，自建或其他营地有 500 个，与 2 亿多的青少年人群相比，远远不足（表 9）。

表 9　中国国家级户外营地

东部地区	数量	中部地区	数量	西部地区	数量
北京	6	山西	3	广西	6
天津	1	吉林	4	内蒙古	6
河北	6	黑龙江	3	重庆	6
辽宁	7	安徽	6	四川	4
上海	3	江西	5	贵州	5
江苏	7	河南	6	云南	5
浙江	6	湖北	8	西藏	6
福建	5	湖南	5	陕西	6
山东	7			甘肃	5
广东	5			青海	5
海南	3			宁夏	5
				新疆	7
				新疆生产建设兵团	2
合计	56		40		68
占比	34.1%		24.4%		41.5%

当前，我国社会各界和政府部门均开始重视户外教学环境对于实现户外教育和全人教育的价值和功能。政府部门主要以体育系统、共青团系统和教育部门三家，利用各自优势进行各具特色的营地教育课程。社会各界也在不断整合人财物，组织实施营地教育课程。

（六）教学评价与反馈

户外教学评价是对教师的户外教学工作、学生的户外学习质量，以及整个户外教学管理过程作出的客观的衡量和评价判断。户外教学评价通常有总结性、形成性和诊断性三种，要相互结合进行评价，从而发挥诊断、反馈、定向、证明和教学的功能。户外教学评价的难点是根据实际开展的户外课程，制定一整套完备的户外教学评价指标体系，也可以采用定性的动态评价来实施调整户外教学，可参照节奏、互动活动、言辞、体验、分享、集中和关心七个因素进行简单的户外教学评价，见表10。

表10　户外教学评价因素一览表

因素	程度
节奏	太慢——太快
互动活动	完全合作——完全竞争
言辞	太严肃——太轻松
体验	太苛刻——太放松
分享	太多加强的个人感情——太多防护的个人感情
集中	太多集中在结果上——太多集中在过程上
关心	太多个人的关心——太多集体的关心

户外教学反馈是有目的地控制、提高教学质量与效率，保证教学活动良性循环的必不可少的措施。在户外教学评价的基础上，教师应根据评价内容，不断完善教学工作并通过合适的方式将学生的户外学习质量及时反馈给每位学生，使教师与学生形成良性互动，共同改进、优化整个户外教学管理过程，从而取得更好的户外教学效果。教学评价与反馈的整个过程本身就是一种自我反思、自我学习、自我完善、互相沟通、共同进步的有机结合体。户外教学常用的教学反馈形式有问卷填写、主观感受描述、谈话交流等。

七、户外教育的保障要素

户外教育的保障要素主要包括安全、政策、组织和人文四个方面，见图17。安全保障是户外教育的基础和基本要求，政策保障是户外教育的环境和氛围要求，组织保障确保户外教育的实施和开展，人文保障确保户外教育全面目标的实现。

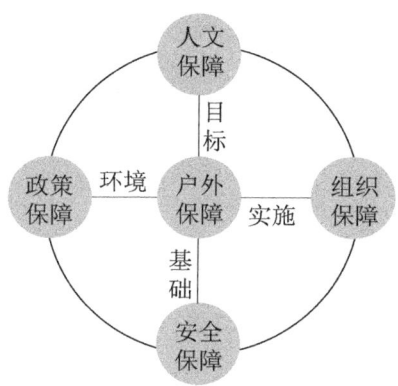

图 17　户外教育的实践保障图

（一）安全保障

1957—2015 年，累计 438 人在登山户外事故中身亡（图 18）。以 2015 年为例，死亡 40 人，发生事故较多的省份依次是山东、福建、浙江和河南，发生事故最多的月份是 5 月（图 19）、（图 20）。

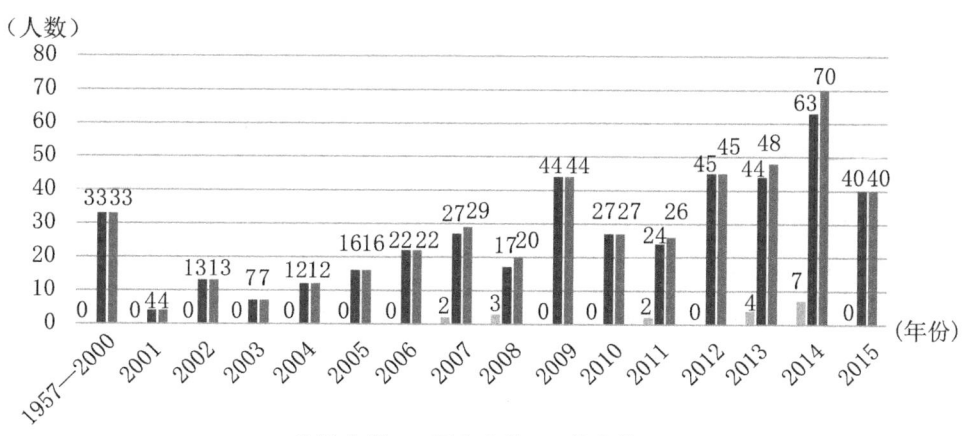

图 18　1957—2015 年登山户外运动死亡和失踪人数统计

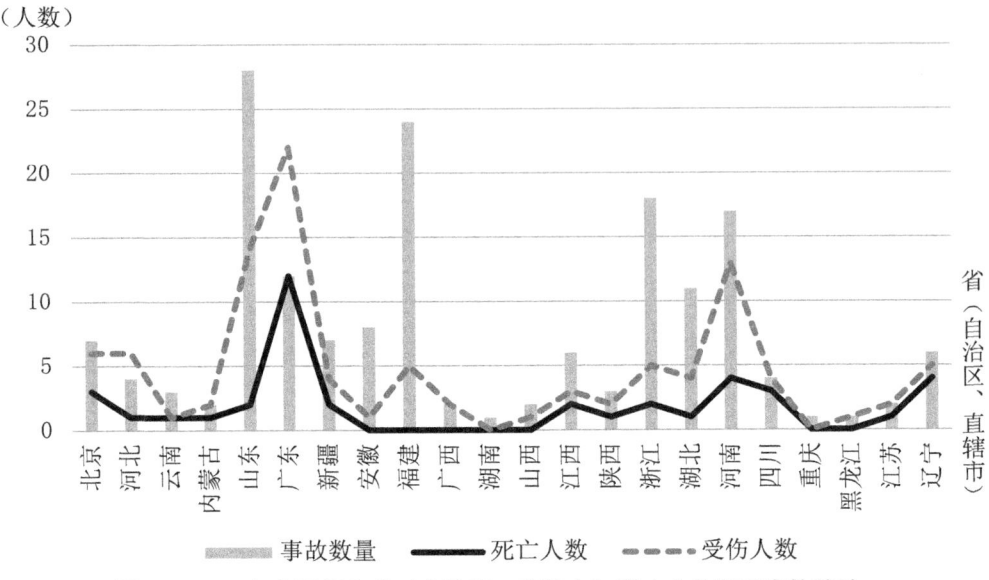

图19　2015年全国部分省（自治区、直辖市）登山户外运动事故统计

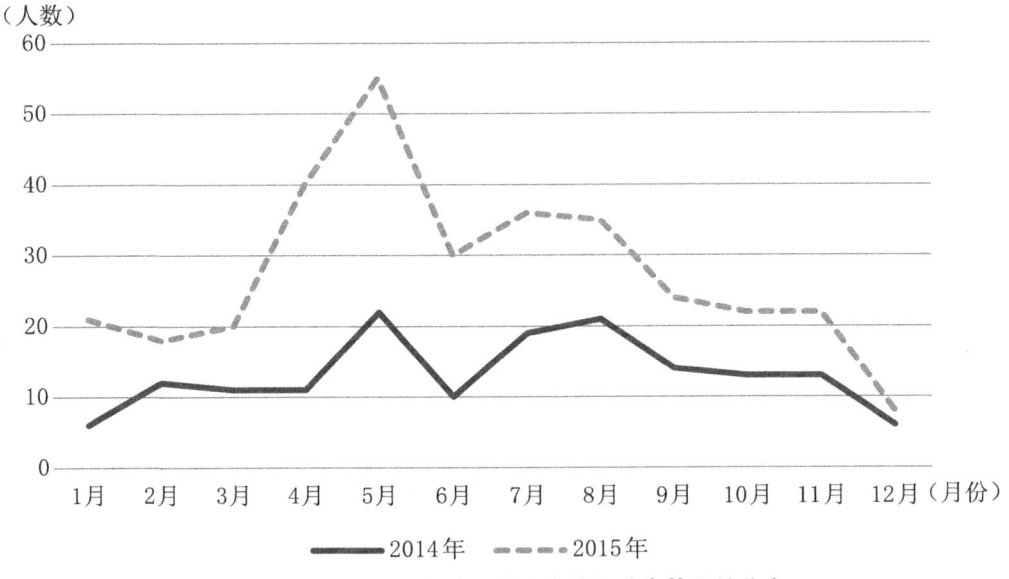

图20　2014—2015年我国登山户外运动事故月份分布

安全是户外活动的第一要务，户外教育过程中一定要做好安全教育和户外风险管理，同时也要从装备和技术上加强安全保障。

1. 教育保障

户外安全教育主要是对安全意识、安全知识、安全技术等内容的学习和提高。户外参与者要深刻理解以下三个风险概念。绝对风险是最坏的情况；剩余风险是绝对风险得到合理有效控制后，还依然存在的风险，也就是攀登活动中的真实风险；感知风险是攀登者自身主观感觉到的风险程度，根据参与者经验和性格，存在较大的个体差异，可以从零到绝对风险。当感知风险小于剩余风险时，就会忽略真实风险，可能会因鲁莽大意而发生意外；当感知风险大于剩余风险时，会放大心理的恐惧感，而导致心理状态的失衡，发生意外；只有当感知风险等于剩余风险时是最理想的状态（真实风险＝绝对风险－已控风险）。因此，登山者要努力学习和积累经验，让自己做到感知风险与各种情况下的剩余风险一致，从而能够顺利安全地完成户外任务。

2. 装备保障

由于户外活动在开放的、多变的、自然的环境中进行，活动的形式和内容会因天气、地形、人员组成等不同而出现变化，相应的可控性降低、风险性加大，因此人们对于装备的依赖性比较高。俗话说，远路无轻载。当你进行户外健身时，户外装备就是你最亲近的朋友。户外装备应是户外爱好者身体的外延，外延到能够融合到所在的户外环境里，而不是户外爱好者的金刚罩。户外装备轻量化、科技化、功能化和时尚化趋势，让户外健身更容易。装备为了更好地开展户外活动，户外却不仅仅为了装备。

装备和户外运动之间的关系可以分为两种：一种是控制自己身体，处理与外界自然环境的互动关系；另一种是驾驭装备，处理与外界自然环境的互动关系。对于控制自己身体的户外健身项目，户外装备主要是发挥无干扰的保护作用，比如，越野跑需要越野跑鞋增强选手的稳定性和抓地力；攀岩中的保护绳索并不是给健身者助力或干扰，只是在队员脱落时给予支撑和保护。对于需要驾驭装备和器材的户外健身项目，户外装备改变了人类自身能够位移的方式，并提供保护，比如，滑翔伞让人在空中飞翔；滑雪板让人在雪面上飞速滑行；潜水面罩和氧气瓶让人像鱼儿一样深潜海底。

装备主要分为个人装备和公共装备，用于保护参与者的安全和舒适。个人装备一般属于队员私有或个性化的户外活动必备常用物品，如若使用，使用者本人的受益最大。尽管这些装备是属于个人所有，但是无论从价值还是重要性上，都对保障团队顺利完成户外活动起到重要的作用，通常包括穿戴类、个人防护类、电子携带类、小物件类、附件类、药品类等。公共装备一般是领队、团队整体共享或受益的装备，比如，团队徒步时必备装备对保障团队顺利完成户外活动起到决定性的作用，通常包括保护类、露营类、后勤类、通联类、定向类、文化类和其他。

3. 技术保障

按照开展运动的空间环境所需技术，我们可以把户外划分为空中户外技术、水域户外技术和陆地户外技术三大类。陆地户外可以衍生出十余个系列，包括徒步、登山、攀岩、自行车、露营、探洞、丛林穿越等丰富的项目；空中户外项目包括滑翔伞、高空跳伞、翼装飞行、热气球等；水域户外则包含了皮划艇、公开水域游泳、泅渡、扎筏、漂流、潜水等项目。如果参与者所掌握的技能不能满足实际挑战，则会出现风险问题，我们可将参与者技术能力与活动风险的关系分成5个区域[1]（图21）。

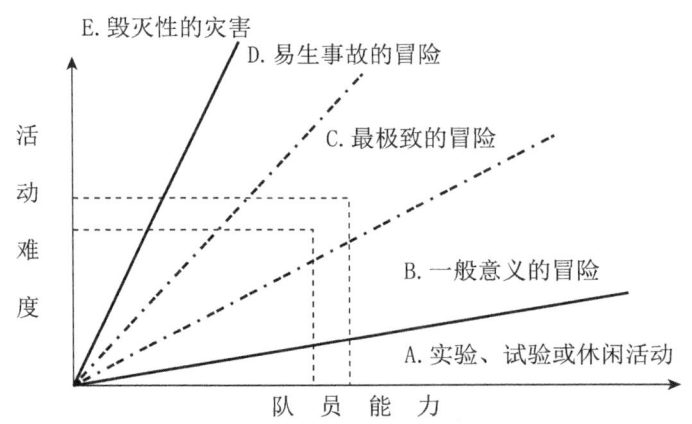

图 21　户外运动参与者能力与活动风险的关系

图中 A 区域，参与者的能力相对于活动的风险难度处于随心所欲状态，即活动对于参训者的风险、挑战最低，因此参与者能够很轻松地通过对先前的经验、知识和技能的应用，轻松、自在地控制活动，比如，一些实验、试验和休闲娱乐

---

[1] HOPKINS D，PUTNAM R. Personal growth through adventure ［M］. London：David Fulton Publishers，1998：70-71.

活动。此阶段的活动特点是轻松、自在、欢快和缺少挑战性；参与者的状态特点是缺少恐惧和轻松自如。

图中 B 区域，参与者的能力相对于活动的风险难度处于较强势，即活动对于参训者的风险、挑战较低，因此参与者稍微提升一下自己的心态、知识和技能，就能够控制活动。这种活动也就是一般意义的冒险，比如，一些游乐园内的体验活动。此阶段的活动特点是有惊和小险；参与者的状态特点是略有不安和胆怯。

图中 C 区域，参与者的能力与活动风险之间处在一个最和谐状态的，是一种最极致的冒险行为与最"经济"能力付出完美结合且最具挖掘能力的体验教育阶段，正如马斯洛提出的"高峰体验"处在人类需求层次模式的最高阶段一样。此阶段的活动特点是惊、险和难；参与者的状态特点是适当的恐慌、胆怯、犹豫和回避。

图中 D 区域，参与者的能力相对于活动的风险难度处于较弱势，即活动对于参训者的风险性、挑战性很高，甚至超出他们对于风险和困难的预期，并非参与者稍加努力就可以控制的。在这种活动中，即使参训者和培训师做好了各方面安全的准备，参训者依然很容易出现身体、心理上的伤害事故。比如，在高空挑战的活动中、一些被严重逼迫后、刚开始挑战的学员，会对他们的身体或者心理造成很大的伤害，他们所接受的挑战难度系数已经跨越出"最近发展区"和"勇气区"进入"恐惧区"。

图中 E 区域，参与者的能力相对于活动的风险处于苍白无力状，即活动对于参训者来说，已经会造成人身伤亡的灾难性伤害，比如，让一个只具备初级攀登知识的学生去攀登 7000 米以上的雪山。这个阶段使参训者从"恐惧区"进入地狱般的"恐怖区"和"死亡区"。

（二）政策保障

良性的户外教育发展需要在国家一系列利好政策的引导下，使整个行业从下到上形成合力。户外教育者满怀热情与激情、俱乐部市场化运作是基础，登山协会等行业协会为主导，国家主管部门为指导，负责制定行业规范并实施监管。多方合力的案例——"攀岩希望之星"是比较成功的模式，由中国登山协会发起、社会积极响应、体育彩票支持、品牌赞助和教育系统跟进。

目前，关于体育、体育产业的相关政策较多，已经为户外教育的全面推广提供了政策支持，但是整个行业还缺少针对性的政策扶持，国家体育总局、教育部和团中央等要统筹协调，针对我国当前户外教育的现实情况，学校户外教育的严重缺失、社会户外教育的竞争无序和逐利行为较重、家庭户外教育的苍白等情况，制定相关政策，大力扶持整个户外教育行业的大发展。

(三) 组织保障

在户外教育活动中，由于教学环境和教学内容通常都是参与者陌生的，因此组织保障工作很重要。有科学合理的关于人和后勤物资的组织保障，才有高效顺畅和安全成功的户外教育实践活动。关于人的组织，可以采用传统的单位组织的形式，也可以采用以兴趣为导向的社群集结的方式。移动互联技术的便捷性、共享性、黏合性和细分性特点，大幅提高了户外教育的组织管理工作效率，在户外教育组织中，主要体现在发挥了微信、QQ 群等网络平台的网络社群功能；移动互联技术的相关运动轨迹管理软件的应用；户外大数据的合理应用为景区、基地、社团组织等提供管理和安全保障；为户外线上跑等活动提供了现代信息技术的支持；助推户外群体的聚合和精准化细分；自媒体的个人化、生活化趋势使各种户外秀呈爆发式增长的状态，有力地推动了户外文化传播，使户外教育得到更快的发展。

后勤物资和医疗救援的保障。常言道"兵马未动，粮草先行"。在野外环境下，要进行丰裕的后勤物资补给是很困难的事情。户外教育的组织者要充分评估活动、人和环境的实际情况，做好各类衣食住行类的补给，除了参与者自补给外，也要根据不同线路进行安全、医疗预案的制定，做最坏的打算和最好的准备。发达的通信技术为这一类的补给和保障提供及时高效的沟通、预判和行动。

(四) 人文保障

当今时代，科学主义占据主流，人们过分强调科学技术和自然学科的知识为人的生存和获得更高物质利益作出了显性的贡献，而忽略了对人文素养和人文情怀的本能要求。户外教育要着重从育人目的出发，借鉴我国对于体育认识的窘境，不应只对生物人的身体进行教育和改造，而忽略"完全人格、首在体育"的呐喊。我国户外教育起源于体育，因此当前务必提高认识，从注重显性文化到注重隐性文化的培养，要注重跨学科的综合设计，要考虑对户外教师人文素养胜任力的测评，以及户外教育课程设计时的侧重。户外知识技术是冰冷的，而户外人文关怀是温暖而滋润万物的。我们不仅要用科学主义的思想去发展户外教育技术，更要以人文主义情怀来关爱户外、关爱生命和关爱人类。

八、小结

本节在国内外的有关户外教育概念的研究基础上，结合大教育观的指导思想，界定了本研究的户外教育范畴是在户外、为了户外或与户外相关的体育教育活动，并分类论述户外教育的周边概念，从而使户外教育的界定更加清晰。参照德尔菲法的专家建议，以及国外关于户外教育树图的研究方式，绘画出符合我国国情的户外教育树图。户外教育之树向我们形象地展示了以人本主义哲学观为基础、以大教育观为指导的，具体采用自然教育、建构主义教育和体验式教育的综合教育思想。参照教育界关于教育存在形式的不同剖面，将户外教育分为自我与他人、正式与非正式、正规与非正规和以时空分类的教育形式，并重点以家庭、学校和社会形成三位一体的实践路径进行阐述。以人本主义为户外教育目标和制定目标的依据，将户外教育的目标界定为个人的全面发展，以及人与自然的和谐发展，以素质教育、环保教育、生命教育、社会服务、自我挑战、团队协作等核心理念彰显了户外教育的独特价值和功能。户外教学要素从传统教学论的七要素理论分析了户外教学的目标、内容、参与者（教师与学生）、环境、方法、评价与反馈要素之间的关系和各自的特点。户外教育的保障要素从户外教育开展的基础、环境、实施及目标四个方面，详细阐述了安全保障、政策保障、组织保障和人文保障。

通过以上关于户外教育的概念、哲学基础、教育思想、存在形式、教育目标、教学要素和保障要素七个方面的阐述，构建完成户外教育理论体系。

第二节　我国户外教育实践路径的研究

本节主要立足于我国户外教育现阶段的实然问题，调查研究我国户外教育三位一体的实践路径，具体的理论分析已在上文有论述，本节主要阐述我国户外教育如何在这三个路径中开展的调查研究。鉴于我国户外教育发展现状，社会户外教育开展得最完善和最有影响力；其次是学校户外教育在社会教育的倒逼下也逐渐登上历史舞台；最弱的是家庭户外教育，并没有像西方那样出现日常化、生活化和家庭化的现象，因此本部分的论述也是按照从强到弱的顺序进行的。

有关户外教育三位一体实践路径的相关概念解析。

社会户外教育是指家庭、学校教育之外的社会文化机构、社会团体、其他社会组织及个人对社会全体成员所进行的有目的、有系统、有组织和独立的户外教育活动，特别是对青少年所进行的教育。

学校户外教育是指国家各级各类的学校系统内发生的户外教育行为，主要受教对象是在校学生。

家庭户外教育是在家庭生活中家庭成员之间随意或刻意进行的户外教育活动。

一、社会户外教育

社会户外教育的实践，结合国内外的开展现状，以户外教育活动实施的机构进行划分，主要分为五部分，即行业协会、专业户外机构、民间个人与团体、个人自学与单位自导、户外文化机构及其他。

（一）行业协会

1. 中国登山协会

中国登山协会是中华人民共和国组织、管理和推进登山运动唯一的全国性机构，于1958年成立，前身为中华全国总工会登山队，自成立到20世纪80年代，以攀登高海拔雪山任务为主，先后创造了众多中国乃至人类攀登史上的壮举。20世纪90年代，民间登山运动开始崛起，登山不再是专业登山运动员的专利，群众性登山健身运动蓬勃发展，登山运动中也逐渐派生出了一些新兴项目，如攀岩、山地户外运动、滑雪、徒步、登山和拓展等。中国登山协会联合各省、区、市登山协会，顺应社会需求，因势利导，依靠各级体育部门，运用市场、社会力量，开拓创新，在全国范围形成了广泛的登山运动热。作为行业组织的龙头，在制定政策和行业标准、引导行业科学健康发展、积极推动户外安全教育、普及户外知识技能、培养有胜任力的从业人员、组织大型群众活动、创办高水平示范赛事、提升户外行业的科研水平、促进行业交流等多方面作出卓越贡献。中国登山协会和国家体育总局登山运动管理中心是两个牌子一班人马，目前正要进行管办分离的准备工作，具体工作机构见图22。

图22　国家体育总局登山运动管理中心组织机构

（1）户外教育培训活动

1999 年，攀岩运动第一次以培训班的形式向社会开放。2001 年，首期攀岩从业人员（现为攀岩指导员）培训开课。2003 年，首期户外指导培训班在中国地质大学（武汉）开班。2005 年，中国登山协会正式成立培训部。2009 年开始的首次国家职业资格户外教师培训班，2010 年开始的首届师资研讨会/继续教育培训，为户外教育爆发式的增长奠定了师资基础，尤其是协会从 2015 年开始，广泛与社会专业户外机构、俱乐部、各地登山协会和地方体育局合作，开展更为丰富和灵活的培训措施。以初级户外指导员为例，2003—2013 年培训了 100 期，而 2014—2015 年两年时间就开展了 100 期，可谓增长速度迅猛，也反映了市场的旺盛需求。2015 年，共有 47 家有关单位承办了 57 期初级户外培训和 6 期中级户外培训班，其中有 31 家省市级登山协会、12 所高校、4 个体育行政部门；培训班数量增长 55%，参训学员人数增长 71%（图 23）。

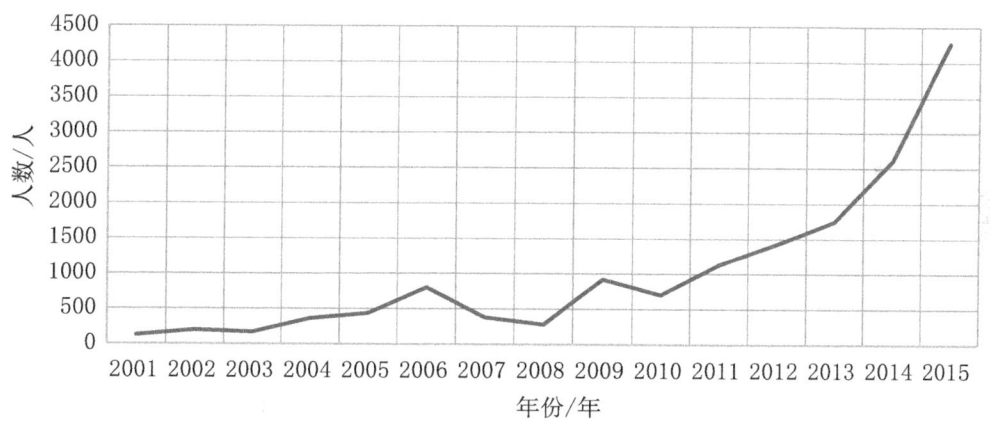

注：数据来自中国登山协会培训部资料（2015）。

图 23　2001—2015 年中国登山协会培训人数统计

除了针对社会教育从业人员的培训外，协会还针对学校教育系统和普通大众开展户外教育培训，其中户外类培训最多，详见图 24。户外培训从 2003—2015 年底，共举办 225 期，5827 人参加，占所有培训的 64%，遍布 26 个省、自治区和直辖市，其中以广东、北京、浙江、湖北、贵州等地较多。培训时间覆盖全年，其中以 4—12 月居多，（图 25、图 26）。

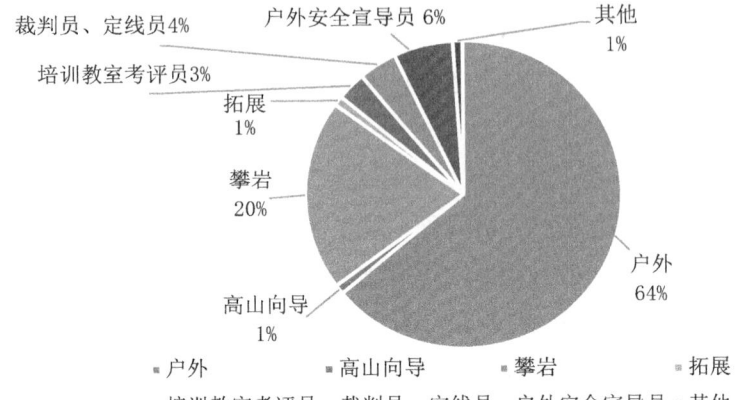

图 24　户外教育培训活动内容对比图

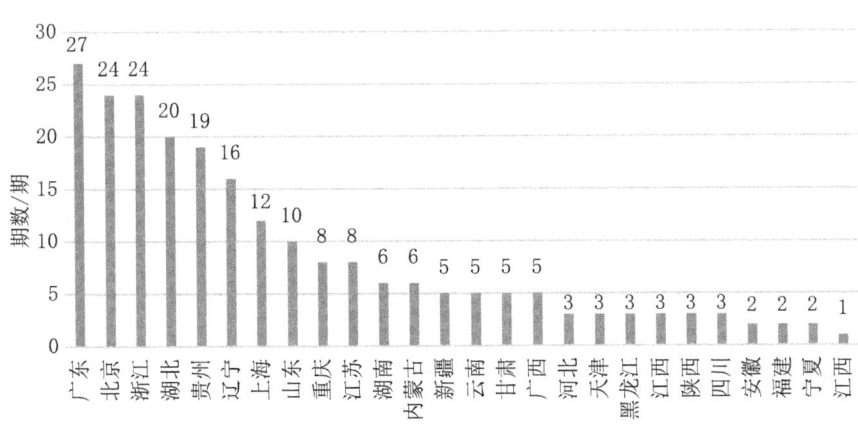

图 25　户外培训地区分布

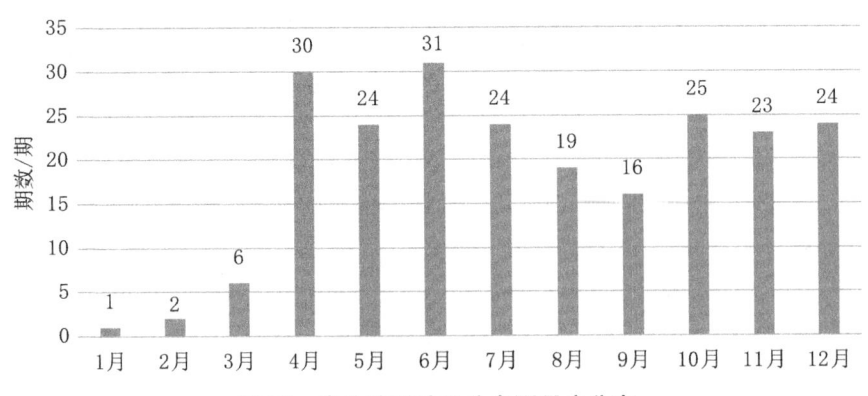

图 26　户外培训地区分布图月度分布

从 2009 年开始的高校教师攀岩、户外培训班、高校教师户外课程师资班、青少年攀岩教练培训等越来越多地针对学校教育系统的培训工作，在推动户外教育开展中发挥着重要作用。近两年，专业户外机构、地方行业协会的推动，以及专门的户外运动学校的挂牌成立，最终形成一个合力，倒逼学校教育体系适应时代发展，进行户外教育改革。

2013 年，中国登山协会启动全国户外安全教育计划，广泛与社会专业户外机构、俱乐部、各地登山协会和地方体育局合作，以 2015 年为例，共举行全国安全公益讲座 16 站、安全宣导员培训 12 期，发放安全宣传材料 2 万多份。以辽宁省为例，2015 年举办了 17 站各类的户外安全教育公益宣讲培训活动。

截至 2015 年 12 月，各类培训班共计举办 657 期，累计培训 16063 人次，有9077 人获得了相关从业资格证书，培训地点遍布全国 28 个省、自治区、直辖市，正在其岗位上为我国户外、攀岩运动的健康发展贡献力量，他们也将为我国户外培训事业的专业化发展发挥巨大作用（图 27）。

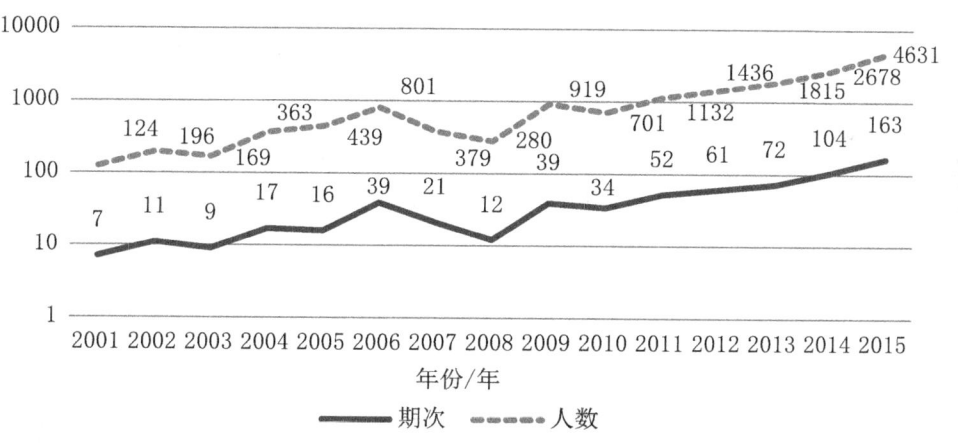

图 27　2001—2015 年中国登山协会开展培训的期次与人数

中国登山协会的教育培训类业务主要以培训部为主，专门负责登山及相关运动（高山探险、山地户外运动、攀岩、拓展）的等级培训认证和技术培训工作。其他业务部门也举行不同类型的，基于自身项目特点与优势的培训工作。比如，高山探险部已成功举办了 23 期全国初级山地救援技术培训，覆盖 10 个省 22 个市、县，培训人数达 600 多人，还组织中、日、韩大学生登山交流大会、大学生登山综合技术培训等。新项目部即将开展青少年户外营地教育的师资培训等。中国登山协会未来的培训将全面接轨人社部，在建立爱好者培训体系，开发管理者系列课程，推广青少年系列课程等方面，做更多的投入。

（2）全国性赛事和活动

以 2015 年为例，中国登山协会共举办高水平户外赛事共 41 场，其中国际赛事 13 场，国内赛事 28 场。攀岩世界杯、越野挑战赛等高水平赛事极大地丰富了人民群众欣赏和学习户外运动、体验户外运动魅力的机会。

全国性的大型活动也更大范围地普及和推广户外运动、户外教育，如群众新年登高、群众登山大会、全国露营大会、全国徒步大会、青少年登山夏令营等。2016 年 1 月 1 日，新年登高大会在北京八达岭和浙江江山及各地分会场同时启动，由全国 30 个省、自治区、直辖市体育局和中国登山协会承办，共设立 72 个分会场，真正实现了全国联动、近百万市民参与的全民健身的盛景。

全国徒步大会是经国家体育总局批准，由登山运动管理中心主办，以露营活动为主体，结合其他户外运动形式为一体的大型户外活动项目，2015 年共进行了 10 站比赛。

登山户外夏令营和冬令营，联合全国 12 个城市举办，有超过 3000 位青少年参加。夏令营以"亲近自然、感受户外、体验登山、学习技能，培养青少年学习登山英雄'不畏艰险、顽强拼搏、团结协作、勇攀高峰'精神"为主题，推动青少年学习登山精神，掌握户外技能，体验拓展、攀岩、徒步、露营、定向、野炊等技术。

攀岩希望之星活动从 3 月到 10 月，在全国 60 个城市、120 个推广点举行了200 多场活动，吸引了 4 万多位青少年参与，培养了上万名攀岩爱好者。

（3）科研工作

2012 年，登山运动管理中心科研工作启动，至 2015 年底共有 850 人参与课题申请，最终参与立项研究人数约 330 人。每年课题申报数量和申请单位呈不稳定发展趋势，见表 11，4 年共立项 55 个，其中青少年户外运动、户外教育、户外营地等是研究的热点问题。在这些课题研究的基础上，中国登山协会成功申请到 2015 年度国家社会科学基金课题——我国登山户外参与人口现状调查与动态监测机制研究。更多高校和科研机构加入中登协组织的户外运动、户外教育的研究中，这对于推动行业的科学发展至关重要，以 2014 年为例，有多达 94 家单位参与课题研究。

表 11　登山运动管理中心 2012—2015 年科研工作

时间	2012 年	2013 年	2014 年	2015 年
申报课题数/个	36	26	49	29
申报单位/个	—	62	94	39
总立项/个		55		

2. 地方登山、户外协会

根据网上不完全统计，截至 2015 年底，省、市、区、县一级的登山、户外类的民办非营利社会团体有 350 余家，至 2021 年，已增加至 500 多家。

（1）地方协会的发展历程

截至 2021 年，全国各省、直辖市和自治区都已成立省级登山户外协会，我国地方登山协会的发展大致分为三个阶段。

1980—1999 年为初创期，这期间共有 6 家省级登山户外协会成立。20 世纪 80 年代，有高海拔山峰的省份相继注册成立登山户外协会，如新疆、西藏、四川、青海。这些地方登山协会的成立，很好地促进了所在区域的高海拔雪山攀登的审批与管理。

2000—2009 年为稳定发展期，新增省级登山协会 12 家。2000 年左右，随着民间登山的兴起，尤其受 2003 年"非典"期间的民间队伍成功攀登珠峰事件的影响，像深圳登山协会、北京登山协会等一批登山协会的成立，很好地推动了登山户外运动的开展。

2010 年之后为快速增长期，新增省级登山协会 15 家。随着我国户外人口的逐年增加，各地陆续成立了很多省级登山协会，尤其是 2013 年国家要求简政放权，有关社会组织成立发展的审批权进一步放开，各地登山协会成立呈井喷态势。各级地、市、县相继成立了区域性登山、徒步、骑行、山地运动等户外类民办非营利社会组织和企业，有的地方甚至出现 2~3 个类似协会，见表 12。以深圳市为例，目前已明确慈善公益类、社会服务类、文娱类、体育类和生态环境类等八类社会组织，由过去的"双重管理"转为"直接登记"。为进一步完善社会组织登记业务工作，缩减社会组织登记申请时间，满足申请人的需求，市民政局不断探索对社会组织登记服务方式进行改革，极大地激励了各类社会组织的成立，截至 2015 年 12 月 31 日，深圳全市登记的各类社会组织总数突破 1 万家，达到 10100 家。从国家民政部统计类似机构的发展趋势，可以看出行业协会的发展大趋势（图 28、图 29）。

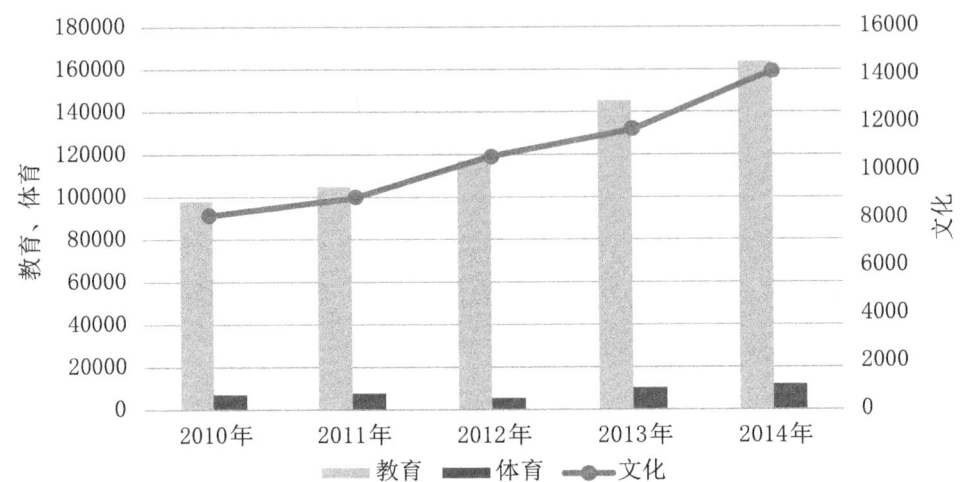

图 28　2010—2014 年的体育、教育和文化类民办非营利机构发展图

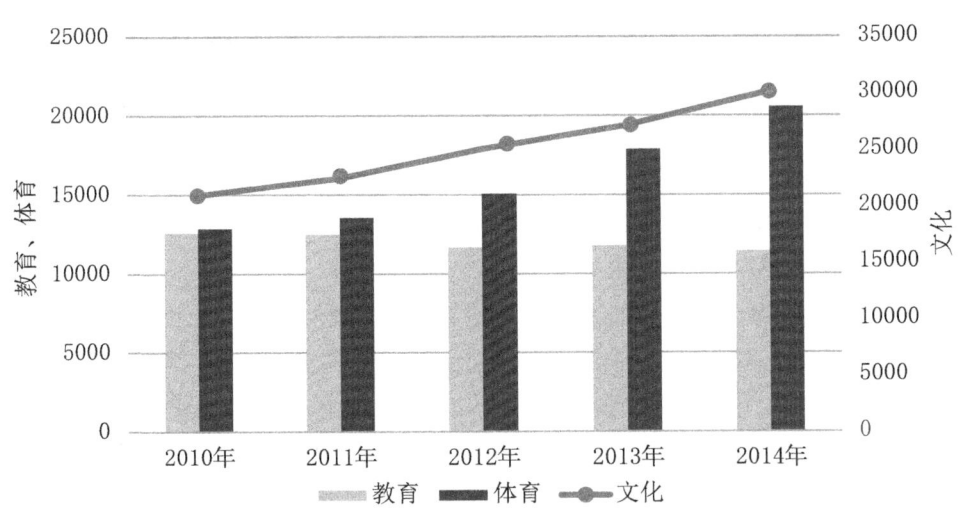

图 29　2010—2014 年的体育、教育和文化类社会组织发展图

（2）**各级协会性质**

中国登山协会与地方各级登山协会之间没有隶属关系，只是业务指导的弱连接关系。在中国登山协会制定的行业发展标准和规范的指导下，各级地方登山协会采用区域自治、自我发展、自我管理的思路开展业务。并且各级登山协会的性质越是向下的地级市、区、县,越具有民间发起性,其发展的自由度和空间越大,以俱乐部和协会并行的形式存在越多,有非营利公益户外教育业务,也有市场营收行为,两者并不矛盾,且相互促进发展。

中国登山协会要不断树立标杆性的赛事、活动、培训教育等,引导和带动各地方登山协会积极参与,并向规范的方向发展。中国登山协会也要尽快建立与各地登山协会的通联体系,便于开展业务指导和行业规范的统计管理。中国登山协会要鼓励和树立一批具有标杆性的地方登山协会,作为各地登山协会发展的榜样,比如,深圳市登山户外运动协会。从目前的调查研究来看,各级登山协会向着规范的方向发展,还有很长的路要走,从网站宣传建设来看,在 35 个省级协会中,只有 13 个有网站,20 个有微信公众号。

各级登山户外协会通常分为三个类型,即官方、纯民间、半官半民的混合性质。通过调查发现,省级协会大都与中国登山协会的组织性质一样,由体育局管治,或有很强的官方背景,很少有纯粹的民间社会组织,如成立较早的新疆、西藏、青海、四川、北京等。而省级以下的协会多是纯民间或半官半民的混合性质,如深圳市登山户外运动协会、吉林市登山协会、铁岭市登山户外运动协会等,详见表 12、表 13。

表 12 省级登山协会统计表

序号	地区	名称	成立时间	协会性质	开展业务				微信公众号	网站
					培训教育	活动	赛事	其他		
1	新疆	新疆维吾尔自治区登山协会	1980 年	官方	有	有	有	有	无	无
2	西藏	西藏自治区登山协会	1981 年	官方	有	有	有	有	无	无
3	青海	青海省登山协会	1981 年	官方	有	有	有	有	有	无
4	四川	四川省登山户外运动协会	1991 年	官方	有	有	有	有	无	有
5	湖南	湖南省登山运动协会	1992 年	官方	—	有	—	—	有	无
6	福建	福建省登山协会	1999 年	官方	有	有	有	有	有	有

续表

序号	地区	名称	成立时间	协会性质	开展业务				微信公众号	网站
					培训教育	活动	赛事	其他		
7	北京	北京市登山运动协会	2003年	官方	有	有	有	有	有	无
8	海南	海南省登山协会	2003年	民间	有	有	有	—	有	有
9	贵州	贵州省登山运动协会	2004年	官方	有	有	有	有	无	无
10	江西	江西省登山协会	2004年	民间	—	有	有	—	无	有
11	浙江	浙江省登山协会	2004年	半官半民	—	有	—	—	无	无
12	河北	河北省登山协会	2006年	官方	—	—	有	—	无	无
13	天津	天津市登山户外运动协会	2007年	半官半民	有	有	有	—	无	无
14	重庆	重庆市登山协会	2007年	官方	—	有	—	—	无	无
15	云南	云南省登山户外运动协会	2008年	官方	有	有	有	有	无	无
16	上海	上海市登山运动协会	2008年	官方	有	有	—	—	无	有
17	江苏	江苏省登山户外运动协会	2009年	官方	有	有	有	有	有	有
18	宁夏	宁夏山地运动协会	2009年	官方	有	有	有	—	有	无
19	河南	河南省青年登山探险协会	2010年	民间	有	有	有	—	有	无
20	黑龙江	黑龙江省登山协会	2010年	官方	有	—	有	—	有	无
21	山西	山西省登山户外运动协会	2010年	官方	—	有	有	—	无	无
22	陕西	陕西省登山协会	2010年	官方	—	有	—	—	有	有
23	甘肃	甘肃省登山运动协会	2017年	官方	—	有	—	—	无	无
24	安徽	安徽省登山攀岩运动协会	2011年	半官半民	有	—	—	—	无	无
25	吉林	吉林省徒步登山户外运动协会	2012年	半官半民	有	有	有	—	有	有

序号	地区	名称	成立时间	协会性质	开展业务				微信公众号	网站
					培训教育	活动	赛事	其他		
26	北京	北京市徒步运动协会	2012年	官方	有	有	有	有	有	有
27	山东	山东省登山运动协会	2013年	官方	—	有	有	—	无	有
28	重庆	重庆市户外徒步运动协会	2013年	民间	—	有	—	—	有	有
29	山东	山东省徒步旅游协会	2013年	官方	—	有	—	—	有	有
30	湖北	湖北省登山户外运动协会	2014年	半官半民	—	有	—	—	有	无
31	内蒙古	内蒙古登山户外运动协会	2015年	半官半民	有	有	有	有	有	无
32	辽宁	辽宁省登山户外徒步运动协会	2015年	官方	有	有	—	有	有	无
33	贵州	贵州省徒步运动协会	2015年	官方	—	—	—	—	有	无
34	广西	广西省登山运动协会	2015年	官方	有	—	有	—	有	—
35	广东	广东省户外运动协会	2017年	官方	—	有	有	—	有	—

表13 市级登山协会统计表（抽样统计）

序号	地区	名称	成立时间	协会性质	开展业务				微信公众号	网站
					培训教育	活动	赛事	其他		
1	广东深圳	深圳市登山户外运动协会	2003年	民间	户外领队培训；户外大众培训；攀岩培训；青少年成长计划	亲子；青少年定向越野；徒步；登山；探险	红牛24小时越野；马拉松	"为爱同行"公益徒步；"为爱奔跑"公益长跑	有	有

序号	地区	名称	成立时间	协会性质	开展业务				微信公众号	网站
					培训、教育	活动	赛事	其他		
2	广东东莞	东莞市登山户外运动协会	2012年	民间	户外课程；户外培训；中国登山协会初级户外指导员培训；急救培训	徒步；山地越野；马拉松；自行车；定向；攀岩	—	—	有	有
3	广东广州	广州市极限和登山运动协会	2008年	民间	开展各类业务培训，与中国登山协会关系密切	举办大型活动和赛事	—	—	有	有
4	浙江温州	温州市徒步协会	2012年	民间	—	年会晚会；徒步穿越	脚印温州	户外摄影；公益慈善	有	有
5	浙江温州	温州市登山协会	2009年	官方	为登山运动爱好者提供相关咨询；中级户外指导员培训班；基础技能及户外运动指导员培训；户外运动安全公开论坛；户外领队培训；山地救援技术培训；社会体育指导员培训	攀岩、攀冰、山地户外运动，普通的群众性登山活动；大罗山登山节；"益起行·共成长"公益夏令营	组织专业裁判人员参加全国各地A、B级山地户外赛事；"中国·乌岩岭"温州之巅山地竞速赛；第一届全国山地户外运动技能挑战赛；"温州银行杯"全国山地户外运动锦标赛"	山地救援	有	有

（3）各地登山协会开展的业务

从对各级登山协会的调研中发现，开展的户外教育业务比较集中，基本与中国登山协会的业务保持一致，80%的协会开展了户外培训教育、活动、赛事及其他。各省级登山协会开展的业务，很好地推动了户外教育的普及和科学发展。其中开展业务最好的地区，主要集中在北、上、广、深一线城市，以及经济发达和户外资源丰富的地区。也有一些经济欠发达地区，作为户外教育的目的地，得到了快速的带动式发展，如西藏、青海、内蒙古、四川、云南、广西、贵州、湖南等地。

省级登山协会以北京市为例，有北京市登山运动协会和北京市徒步运动协会。北京市登山协会成立于 2003 年 1 月，是由北京市体育总会和北京市体育局群体处联合发起成立的，经北京市社会团体登记管理机关核准登记的非营利性社会团体法人。以 2015 年为例，北京市登山协会开展户外教育培训类活动，通过政府购买公共服务的"加强和提高全民山地户外运动安全技能工程"项目的培训工作，受益人群将近 2000 人；与美国戈尔公司继续保持良好的合作，按计划举办面向全市山地户外运动爱好者的"体验户外、享受人生"公益讲座及户外体验活动 20 场，参与者近 5000 人次。继续培养和扩大北京市唯一的山地户外运动志愿者服务队伍——北京市登山运动协会第三级志愿者服务队，规模不断扩大，已达到 300 人；培养专业人员（户外专业领队、山地户外运动裁判员、社会体育指导员），2014 年底至 2015 年底共举办了 10 期山地户外领队（初级）培训，共培训户外初级领队 2500 余名；还创造性地尝试登山健身年票计划，将北京近远郊 48 个适合登山健身的景区统一纳入年票里，通过护照式和智能化管理，为广大市民提供便捷安全的户外健身体验。

市级登山协会以深圳市登山户外运动协会为例，成立于 2003 年，身处改革开放的最前沿，其发展的模式和思路都具有可参考的价值和意义。深圳市登山户外运动协会拥有完善的协会管理制度，其管理模式完全遵循国际体育组织的透明、民主、制衡和团结四个维度来善治协会，其网站就是很好的体现。在开展的户外教育业务方面，其有完备科学的成人户外培训证书培训体系，涵盖了初级户外培训、中级户外培训、户外领队培训、户外教练培训和基础技能培训五大类，成功开展各类培训班 100 多期；有针对青少年的户外教育培训，如夏令营、青少年成长计划等系列课程；有自办和合办的一系列户外赛事；有户外俱乐部认证和会员管理系统等。尤其是其成功的协会发展模式对于全省、全国其他地区，以及支持高校的户外教育课程和社团的创建，都具有里程碑意义。

（二）专业户外机构

专业户外机构最显著的特点就是自身拥有或者能够集结户外行业内的专业人士和从业者，来执行或保障户外教育的安全、有序、科学地开展实施，与行业协会的最大区别在于是否以追求经济效益为主要目标。专业户外机构主要分为户外网络平台、注册备案的户外俱乐部和公司机构、户外相关产业机构及户外学校四大类。这类组织开展的户外教育活动，多是以碎片化日常生活的方式开展，具有多样性、随机性的特点，可以称为非正式学习场景下的学习。一些较大的组织机构规范性地开展一些关于户外爱好者、大众参与人群的安全知识技术普及教育，以讲座或 2~3 天的短期培训为主，有偿和无偿的方式均有。为了规范行业，提升从业人员的能力水平，专业户外机构也组织开展了一系列专业、系统的户外领队培训，通常累积学时 3~7 天。这种学习具有专业性、系统性、制度化的特点，通常学员完成课程并考核合格，可以取得所在组织的证书和从业资质，这已是属于正式教育中的非正规教育类型。

1. 户外网络平台

户外网络平台在我国户外运动和户外教育的普及和发展中发挥了重要作用，它们是很多户外爱好者的策源地。无论国内流行的 AA 制户外、自由结伴行，还是自助户外、商业户外俱乐部等多是在这类网站的基础上发展起来的。尤其是一些国内知名的户外活动门户网站，推动户外教育的作用不逊于行业协会，它们也有自己的领队培训课程和体系，有普通爱好者的普及讲座，有自办的高水准赛事，有百万级的注册用户，甚至有一定的户外科研项目。本研究列举了绿野、中国户外资料网（8264）、磨房、中国徒步网（CVA）和小羊军团五个典型的平台类户外网站，对其进行了调查分析，详见表 14。

以成立最早的绿野网站作为案例分析，它成立于 1998 年，发展 18 年后，已经拥有 400 多万注册用户，年活动发布量多达 86 万次，年参与人群多达 210 万人次，拥有注册实名制领队 8000 多位。绿野网站已从最初的活动平台发展成为集活动、社群、资料、媒体和移动于一体的复合型平台，并且这种良好的发展势头还在继续，近三年的各个模块的数字均以 90%~110% 的速度增长。目前绿野、中国户外资料网等一些优质网站，在吸引了大量资本入驻后，形成合理经营的良性发展循环趋势。

表 14　户外门户网站统计表

名称	绿野	中国户外资料网（8264）	磨房	小羊军团	中国徒步网（CVA）
所在地	北京	天津	深圳	乌鲁木齐	北京
成立时间	1998 年	2003 年	2000 年	2000 年	2002 年
网站性质	全国户外旅行活动平台类	全国户外平台类	自助旅行和户外活动平台类	户外运动与旅行主题平台类	户外徒步与旅行平台类
开展业务	致力于成为中国第一户外社群平台，全力打造体验式"互联网+"服务，让户外旅行进入千家万户	为国内外的户外运动企业及终端消费者提供全面、权威、专业的户外资讯服务，同时也是登山探险发烧友及普通驴友的交流平台	为户外驴友结伴而行的平台	新疆最具影响力的户外探险和自助旅行门户网站，每周发布活动数量在全国户外网站中名列前茅	以北京为中心，开展以徒步为主的国内外户外旅行
户外教育	从 2013 年开始户外领队培训，共培训 25 期、522 名学员；红牛户外沙龙从 2012 年开始，坚持每月一期，到 2015 年底已经举办了 42 期；户外大咖进校园的分享会，共举办了 8 场	2011 年开始的 18 余期，每期 20 人，共 360 人	以网站自办赛事——磨房百公里徒步为中心开展系列户外培训工作，每年仅围绕赛事的讲座培训就多达 15 场	领队培训在 2009—2015 年底，共计 24 期、1000 多人；户外教练培训 3 期，共 60 人	多以户外活动中开展户外教育活动
特色产品	绿野年会、绿野滑雪烧包大会等；注册会员 400 多万，注册领队 8000 多位	2011 年开始全国百场千人露营大会，多达 100 万人参加；从 2014 年开始攀冰攀岩交流会；网站注册会员 500 余万	从 2001 年开始的磨房百公里，每年 1 期，参与者众多	设计的户外运动与特种旅游在新疆 5 所大学开课，其中一所成为省级精品课程；注册会员 10 余万	是 IVV 国内总部，全球拥有 1.5 亿会员，CVA 网站注册用户 11.6 万人

名称	绿野	中国户外资料网（8264）	磨房	小羊军团	中国徒步网（CVA）
员工人数/人	60+	80（天津总部、北京分公司）	80	9	15
2015 年活动次数/次	863317	10 万+	1 万+	3000	2168
2015 年活动人数/人	2137723	200 万+	200 万+	10 万+	15 万+

2. 各地正式注册的户外公司或俱乐部

对在中国登山协会认证的户外俱乐部调查发现，2005 年只有 34 家，而 2015 年有 233 家，其中示范俱乐部 8 家，3A 级俱乐部 15 家，2A 级俱乐部 15 家。其实，全国各地存在成千上万的正规户外俱乐部和公司，据北京市登山协会 2015 年的不完全统计显示，在北京地区，正式注册的户外俱乐部有 320 多家。更多俱乐部没有在中国登山协会或各地登山协会认证，因为它们不是隶属关系，国家也没有相关规定，除非所在地登山协会的威信较高，会有一些俱乐部前往认证，比如深圳市登山户外运动协会就认证了几十家俱乐部。但是由于登山协会和俱乐部没有隶属和管理的强关系，认证的价值不大，在开展业务方面，甚至是竞争关系。这也是今后各地登山协会工作的重点：对所属地的户外俱乐部和公司做好统计和服务工作，便于行业内部的交流和协同发展，有效地配置户外优质资源，并规范和提高行业的发展水平。关于此层面的研究，主要基于访谈和实地调查，并以 2015 年的中国登山协会十佳俱乐部作为小样本的案例统计分析，详见表 15。

表 15　2015 年度全国十佳户外俱乐部统计表

名称	成立时间	俱乐部性质	开展业务	2015 年活动		特色	专业人员/人	互联网	微信
				次数	人次				
武汉探索者	2005 年	拓展运动有限公司	拓展训练、商业户外活动	180	60000	内部管理制度健全，网站宣传出色	21	有	有

名称	成立时间	俱乐部性质	开展业务	2015 年活动		特色	专业人员/人	互联网	微信
				次数	人次				
天津海客	2004 年	体育文化有限公司	赛事、活动、教育训练、青少年	50	20000	专业度高，经验丰富，综合实力强	16	有	有
内蒙古奇域	2013 年	文化传媒有限责任公司	赛事、培训、青少年教育	69	5500	专业户外师资培训、自有国家级青少年营地教育，皮划艇	12	无	有
兰州山野大玩家	2001 年	户外运动有限责任公司	会员活动、商业活动	353	30000	历史悠久，经验丰富	29	无	—
广东天涯	2002 年	体育运动发展有限公司	商业户外、公益活动、趣味运动会	800	20000	注册会员 384043，正式会员 18 万，14 家分部，门户网站	23	有	有
温州诱惑	2010 年	户外运动有限公司	培训、活动、救援、比赛等	不详	30000	—	10	无	有
广西云起	2012 年	户外运动策划管理有限公司	拓展、企事业单位培训、专业户外培训	170	16000	专业户外人员培训，拓展等	25	无	有
乌鲁木齐凯岳山途	2011 年	户外运动俱乐部	专注于高海拔雪山攀登和徒步	18	500	专注雪山攀登	6	无	有
深圳寻佳	2014 年	户外有限公司	雪山、长线徒步、定制旅行	30	400	高端户外体验	不详	有	有
上海漫道	2009 年	体育文化传播有限公司	户外旅行、大自然教育、赛事、培训	34	3274	皮划艇，建设自有户外基地，高端户外体验	20	有	有

调查显示，这些俱乐部主要分布在经济发达、户外运动发展基础好的地区，

以及拥有丰富户外旅游资源的中西部地区。在成立时间方面，有 8 家公司是在 2004—2014 年成立的，主要属于体育运动和文化传播类公司；在开展业务方面，主要集中在户外休闲、户外探险、户外旅行、夏令营、青少年户外教育、营地教育、定制化公司户外活动和商业户外活动，并联合各地登山协会举办有特色的户外赛事，以及开展一些公益形式的户外活动和教育宣讲，都很好地推动和普及了户外教育的开展。从经营的规模来看，以 2015 年为例，在活动次数和活动人次方面，各俱乐部存在较大差异，分析发现这主要是由于公司所在地及创始人的户外优势不同，每个公司均有自己的核心竞争力产品，并深受客户的喜爱，如乌鲁木齐凯岳山途专注于雪山攀登服务，上海漫道自建水上皮划艇基地，武汉探索者擅长商业户外活动等。公司的管理和运营机制良好，均有专业的户外技术人员，并注重网络和微信的宣传。虽然这类公司和俱乐部是逐利的企业，但是调查发现，由于他们对户外行业的热爱，在市场中努力实现其经济效益的同时，也非常看重教育效益和社会效益的实现，如开展户外公益活动、承办中国登山协会的教育培训任务、注重青少年户外教育等。

3. 户外相关产业机构

随着户外运动的多元化发展，户外教育的存在形式也浸入式发展到户外装备品牌商、户外场地经营管理者及旅游机构。这三类组织分别利用自身独特优势，开展各具特色的户外教育活动。

一些传统的户外装备品牌商不再满足于只做产业链的其中一环，而是向产业链的上、下游探索，积极组建呈闭环状态的户外生态圈。比如，凯乐石与行业协会深度合作，创办一系列专业户外技术和从业人员的培训体系；探路者入资绿野，联合建立"户外大学"，逐步完善户外领队培养体系；北面自办 TNF100 公里赛事，为客户提供深层的产品和户外运动体验；骆驼户外自建登山队，彰显品牌精神等。

一些传统的户外场地经营者为了顺应体验式旅游时代的到来，提升客户的体验感，纷纷提高以户外教育、户外生活为主的产品设计和升级。目前，我国有 8000 多个国家森林公园或保护区，也都纷纷开始建设国家游步道系统，建设"行走在户外、玩在户外、生活在户外"的阿尔卑斯式的户外旅行目的地，建设青少年户外营地、自办户外赛事、自办自然学校、森林学校的户外教育培训活动。国内滑雪场的龙头老大万龙滑雪场近两年也用心创办万龙滑雪学院，并与北京大学等知名高校及美国阿斯本滑雪胜地合作，开展系列户外教育课程。

一些大牌旅游公司面对户外旅游和户外教育市场的蓬勃发展，也积极跟进，陆续设立专门的户外教育、户外休闲旅行业务部。以中青旅为例，开发"如是户外"APP，并推出了自主赛事乌镇童玩跑、台湾骑行、布达佩斯马拉松、不丹徒步等专业户外旅行和户外教育产品。

4. 户外学校

随着科学户外、安全户外的需求持续增长，户外专业从业人员、普通户外爱好者，特别是青少年户外爱好者的户外知识和技能亟须普及和提高。专门的户外学校应运而生，以美国为例，创立于1965年的美国户外教育学校（NOLS），目前在全球6个国家设有11所分校，有超过800名员工。该学校致力于教导学员，使其具备从事户外活动时所需的生活、安全及环保技能。美国户外教育学校是全美目前最具规模、最专业的户外教育学校。已有来自世界各地，超过60000位户外活动爱好者完成美国户外教育学校提供的各类户外教育课程。

但是，目前在我国，专门的户外学校并不多见。这类专业户外学校的成立，发起人是至关重要的，他们通常有丰富的户外经验，并抱有远大的户外教育理想。巅峰户外运动学校校长孙斌，以及凯乐石大理领攀户外运动学校理事长曹峻，都是国内户外行业的标杆式人物。下面以这两所特点鲜明的户外学校作为案例分析。

2011年，著名攀登者、高山向导孙斌在北面的帮助下创办了巅峰户外运动学校，旨在帮助更多户外参与者正确地认识户外，健康地参与户外运动。巅峰户外运动学校大力推广"Safer & Faster"（更安全、更快捷）的户外理念，致力于研发、设计并提供公益性质的优质户外培训。巅峰户外运动学校秉承"公益为先"的观念，在社会各界的支持下推出了一系列公益培训项目，截至2015年底，户外领队公益培训开展了25期，500余人参加。学校还开展了原住民向导培训，高校户外社团培训，青少年户外教育，户外教练培训，攀冰，攀岩初、中、高级培训，山学院培训课程等。

2015年批准成立的凯乐石大理领攀户外运动学校，是我国第一所正式注册的户外运动学校，是领攀户外运动中心旗下的重要项目，以大理为基地，面向全国户外教育市场，以市场需求为主导，面向户外运动爱好者和户外运动专业人士，以标准化的课程体系、执行体系、认证体系为核心，以户外资源整合及开发规划、户外活动组织和其他增值服务为组成。学校的成立具有广泛的社会价值：提高大众户外运动科学意识、增强户外安全保障，树立户外学校的标杆等。学校针对不同户外人群，开设了六大课程体系，详见图30。为大中小学生提供"山鹰营地教育计划"的户外教育和营地教育课程，覆盖小学到大学各个学龄段，让青少年在自然环境下，以团队活动的形式，完成具有一定挑战性、探险性的户外运动，培养"为他人着想、坚持不懈、有担当"的山鹰营地教育核心价值观。

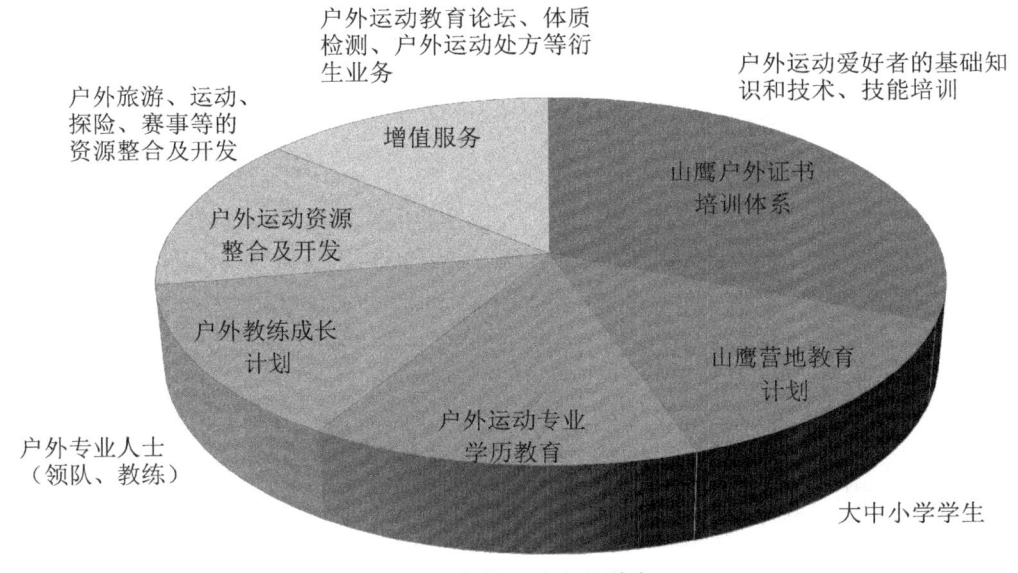

图30 凯乐石大理领攀户外运动学校课程体系

(三) 民间个人与团体

民间个人与团体属于非正规注册，以个人或俱乐部名义的民间松散组织，通常没有法人，采用社群方式集结。这样的组织通常有一个户外核心人物或户外领袖存在，他们通常是基于现代化网络技术而成立的群众性自发组织，属于精细化的户外社群。这类群众组织架构松散、积极性高、专业知识技术相对较低，主要采用 QQ 群和微信群的方式黏合在一起，有些组织还设有微信公众号。由于他们和所在区域登山协会不是指导、管理的强关系，因此各地登山协会对于他们的管理和指导需要国家出台相关政策法规支持。各地登山协会主动发挥专业性和强资源的优势，帮助民间个人和团体完成其身份合法化的注册工作，引领和指导众多民间自发户外群众组织科学、安全、健康地发展。

　　这类民间个人和团体缺少专业的技术人才，且数量和体量庞大，因此是户外安全事故的高发地。图31为2014—2015年我国户外事故发生的组织类型图，也证明了这一点。

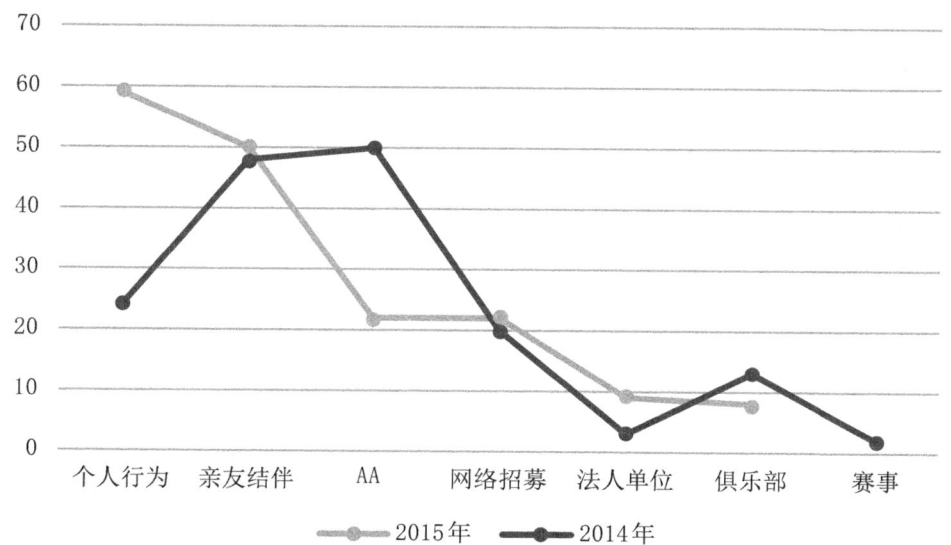

注：数据来源为中国登山协会高山探险部资料（2015年）。

图31　2014—2015年我国户外事故发生的组织类型

　　通过表16不难发现，以户外为主题的QQ群多达57万个，登山为主题的QQ群多达249万个，徒步和滑雪也分别达到了13万个和2.4万个，而以户外教育为主题的QQ群只有380个，微信公众号只有68个。可见，国人对于户外教育是以专业性教育来看待的，而国外户外活动和户外生活就是户外教育。

表16　户外类社群分析表

项目	QQ群数量/个	微信公众号数量/个	微信公众号与QQ群数量之比/%
户外	574117	1962	0.34
户外运动	129586	1911	1.47
户外健身	25235	93	0.37
户外休闲	79033	548	0.69

项目	QQ 群数量/个	微信公众号数量/个	微信公众号与QQ 群数量之比/%
登山	2490500	572	0.02
徒步	136083	867	0.64
攀岩	33956	238	0.70
骑行	231127	1943	0.84
户外教育	380	68	17.89
跑步	93061	1386	1.49
马拉松	10221	610	5.97
广场舞	165926	61	0.04
滑雪	24477	1355	5.54

注：统计时间为 2016 年 1 月 25 日 21：00。

从调查表中，不难发现，微信公众号与 QQ 群数量之间的比值显示以下问题：滑雪（5.54%）和马拉松（5.97%）都是 2016 年左右刚刚兴起，这与跑团和雪场运用移动互联技术进行宣传高度相关。户外教育（17.80%）是当今社会的热点，因此公众号的利用率较高。而登山（0.02%）由来已久，已经是逐渐生活化的运动，它的开始先于移动互联技术，所以较少借用微信渠道；广场舞（0.04%）和年龄偏大有关。各个项目的社交群，多则百万，少则上百，可见民间个人和团体的巨大力量，当然这里也不排除官方组织机构、专业户外机构，但这毕竟占少数。尽管跑步、马拉松和广场舞很红火，但是与其他户外类的项目相比较也稍有逊色。

案例分析：民间个人于 2015 年初发起的北京高知户外联盟，短短一年，利用微信公众号和微信群，发展了 500 多位成员，并组织各类户外活动 40 余场，活动内容包括徒步穿越、定向、骑行、滑雪、越野跑、沙漠穿越、高海拔雪山攀登等。

民间团体发起的绿野救援队，在 2003 年由一批热心公益事业的绿野网友自发组建，截至 2015 年底，有核心工作人员 30 多人，拥有注册队员 1200 余人。其目标是在出现求救信息时，能够及时派出相应人员前往救助，并且通过宣传户外救护知识，减少户外危险的发生。绿野救援队从 2011 年开始进行初级野外救生员培训，截至 2015 年 12 月，已在全国近十个省市举办了 26 期，取得证书的队员有 1000 余人，为我国户外救援系统培养了大量后备人才。同时，绿野救援队骨干们还开展各式各样的户外安全公益讲座及电视电台类节目，普及户外安全知识。

（四）个人自学与单位自导

随着户外教育的逐渐普及，越来越多的个人通过各种非正式的场景学习户外知识技能和理念，并将其付诸实践。有的人带着家人进行休闲户外，有的人自己参加一些风险可控的户外活动。户外活动生活化是趋势所在，但是在这个发展的过程中，与完善的社会教育、学校教育相结合，才是科学安全的，否则将会出现更多的户外安全事故。

一些企事业单位也越来越倾向于组织员工开展一些低风险的团队性质的休闲户外活动，来实现团队建设、公司福利、企业精神领悟等组织发展目标。通常这样的单位中，有一些具有户外教育经验的员工，他们对于推动单位自导的户外活动发挥了重要作用。但是有户外经验，不一定就具备开展和组织户外活动的能力和资质，为了安全起见，也应该与专业的户外机构合作。只有当我国户外教育足够普及，人人都具有丰富的户外活动能力和经验时，才可以实现单位完全自导。

可以说，个人自学和单位自导的户外教育形式是未来发展方向，不过这个发展的过程仍然要依靠行业协会、专业户外机构，以及可信赖的民间个人和团体。

（五）户外文化机构及其他

随着我国户外运动、户外活动的深度开展，人们不仅满足于迈开腿徒步、带上装备去攀登的只照顾身体和精神的活动本身，而是更关注能够带来精神和心灵享受的户外文化活动。于是一些与户外文化相关的机构将会有良好的发展趋势，然而目前，这类机构很少。截至 2015 年，全世界极限运动电影节数量有 200 个，在欧洲，山地电影节的播放场次每年多达 2000 余场，而我国只有 2010 年引进中国的班夫山地电影节和 2015 年引进中国的肯道尔国际山地电影节，总播放场次不足 50 场。我们需要越来越多的户外电影节、户外展会、户外文化节（比如 ISPO 等）以更好地满足国人的户外文化需求。

一些户外文化机构打造以户外活动为载体的系列户外教育、管理培训活动，并大获成功。以曲向东组建的北京知行探索文化发展股份有限公司为例，成功打造了玄奘之路、商学院戈壁挑战赛、八百里流沙、戈壁成人礼、刀锋领导力、刀锋实践营、戈壁徒步、戈壁穿越、沙漠徒步等多个户外文化教育产品。

一些与户外相关的国际组织和机构也在国内开展了一些户外技术、户外救援、户外医学、户外环保等专项培训课程和活动。比如，美国户外教育学校的"无痕山林"（Leave No Trace，LNT）户外旅行教育计划，每年都有数十万青少年和户外运动爱好者参加这个培训计划，增加户外旅行专业知识、人文和环保素养，提高团队精神和勇敢精神。在国内，"无痕中国"公益项目组开展众多户外环保培训和宣讲活动，普及户外环保理念。类似的组织还有北京自然之友等。

另外一个比较知名的国际组织是国际野外医学协会（WMAI），它与高校、中登协、户外俱乐部合作，每年举办近 30 场的各类野外环境下的医学急救课程，每年参训学员达 1000 余人。贝尔生存训练营也于 2015 年落地中国，所有课程设置及课程内容均由贝尔基于自己在英国特种兵的服役经历及大量的全球探险旅行素材编纂而成，在国内主要开展"24 小时家庭课程""3 天 2 夜课程""5 天 4 夜极限课程"等。

有一些非登山、户外类的相关行业协会，也开展一些户外教育培训活动。最具影响力的中国户外教育与安全分会，自 2013 年以来共举办各类相关户外教育师资培训班 60 期，每期人数在 30 人左右，其中大学教师占 30%，教育部所属 150 个学生社会实践基地和国家体育总局 167 个青少年户外体育活动营地教师及从业者占 30%，职工培训中心、党校团校占 30%，社会相关机构及其他占 10%。目前户外教育师资培训的需求主要是团队训练、户外安全、营地教育、素质拓展方面，参加者学历本科以上占 80%，体育专业的占 60%，公派占 80%，自费学习占 20%。

二、学校户外教育

2020 年全国教育事业发展统计公报显示：截至 2020 年，全国共有幼儿园 29.17 万所，普通小学 15.80 万所，初中 5.28 万所，高中阶段教育学校 2.45 万所，普通高等学校和成人高等学校共 3003 所，各级各类民办学校（教育机构）18.67 万所，累积 53.71 万所各级各类学校，各级各类学历教育在校生 2.89 亿人。学校是相对完整的自组织体系，具有结构化、制度化特点，学校户外教育的实践不宜以实施机构的方式划分，而应以开展形式进行划分，这样划分会更具科学性。户外教育在学校的开展主要有五种方式，即户外教学课程、户外社团、户外赛事、户外活动和户外科研。这五种户外教育的呈现形式涵盖了所有学校户外教育。

（一）发展概述

1. 课程方面

课程分为专业方向和兴趣选修。专业方向以运动体育类专业为主，最早于2005年开设社会体育的户外运动专业方向的学校是中国地质大学（武汉）。截至2015年，全国开设社会体育专业的本科生院校有317家，开设休闲体育专业的本科生院校44家，包括北京体育大学、沈阳体育学院、山东体育学院等，开设这些专业的学校，在课程大纲里，不同程度地设有户外教育课程或者户外运动方向。旅游类院校也开设户外教育课程和相关专业方向。除此之外，还有地质、环境、生科、农业、管理、社会工作、心理等专业方向也均开设不同的户外课程。

目前在全国高校及中小学中，户外教育课程更多是兴趣选修课，这类课程最早出现在地质类大学和国际学校。尤其是2002年，华东师范大学体育与健康学院进行了重点课题"野外生存生活训练课程实验研究"，由此组织了两次大型的"大学生野外生存生活训练"。以课题研究和实验来检验该活动对大学生心理承受能力、野外生存生活能力、身体素质和生态环境意识等大学生综合素质的影响，对于我国教育界开展户外教育课程是一个重要推动。据不完全统计，我国高校有近500所开设了户外教育相关课程。由于师资、场地、安全、学制等原因，中小学的开课比例要远低于高校。

2. 社团方面

很多高校户外社团的发展要早于正式课程的开设，目前学生户外社团呈快速增长态势，以北京地区高校为例，截至2015年底，已有超过50%的高校成立至少一个户外运动类社团。很多中小学也都成立了学生户外社团，比如，中国人民大学附属中学和苏州市的一些中学都成立了攀岩、野外生存等户外兴趣社团。这类社团通常在校团委和学工部注册，由体育行政部门等担任指导单位，体育教师担任业务指导教师。

3. 赛事和活动方面

目前中国大学生体育协会、中国中学生体育协会、各地区学生体育协会，以及各个户外项目协会组织了丰富多彩的比赛和交流活动。户外运动开展较好的学校也自举办各类户外赛事。学校与专业的社会户外机构合作，举办组织丰富的户外游学、户外研学活动、远征成人礼、骑行毕业礼、户外冬令营和夏令营活动等。

4. 科研方面

高校机构和中国大学生体育协会、户外类协会组织每年一度的户外教育论文报告会、学术沙龙，一起探讨户外教育的发展与展望。如全国学生野外生存协会每年举办的论文报告会，对于与会者户外教育能力提升和行业发展具有积极的推动意义。

（二）案例分析——北京大学

学校户外教育主要是以户外教学课程、户外社团、户外赛事、户外活动、户外科研五种方式开展，但是很多学校并没有形成完整的户外教育生态圈，而北京大学的户外教育发展模式很好地展示了完备的学校户外教育模式。

敢为天下先、兼容并包的思想被一代代北大人继承和发扬，这些精神元素为北京大学发展户外教育奠定了思想基础。北京大学对我国登山运动事业的发展作出了重要贡献。北大最早投入我国登山运动事业的是崔之久、丁行友和马文璞三位先生。他们早在 1957 年就参加了当时全国总工会组织的攀登贡嘎山的活动，那是我国独立组织登山活动的第二年。1958 年，国家首次筹备从我国一侧攀登珠穆朗玛峰的活动。这年夏季在贺龙元帅的亲自关怀下，国家体委在北京香山举办了登山训练班，旨在为即将开展的攀登珠峰活动培养队伍。这个训练班的学员中，北京大学应招入选 12 位队员，占了科教界学员的大部分，其中有后来曾担任中国登山协会副主席的王凤桐，曾担任国家登山队队医、中国登山协会户外部主任的李舒平，生物学界泰斗潘文石等。在国家组织的历次重大登山活动中都有北大学子的身影，其中邵子庆同志在攀登珠穆朗玛峰活动中献出了宝贵的生命，丁行友同志在攀登贡嘎山活动中献出了宝贵的生命。1990 年北大登山队登顶玉珠峰（6178 米），这是中国民间组织第一次获得高山攀登经验，从此拉开了中国民间登山的序幕。1998 年，时值北京大学 100 周年校庆之际，北京大学登山队成功登顶世界第六高峰卓奥友峰（海拔 8201 米），填补了民间攀登 8000 米高度的空白。尽管后来北京大学经历了 1999 年的雪宝顶滑坠和 2002 年雪崩事故，共有 6 名学生献出宝贵生命，但是北京大学的户外事业在北大精神的激励下，继续前行。截至 2021 年底，北京大学登山队共完成了 41 次高海拔雪山攀登；已有 25

位北大人成功登顶珠穆朗玛峰，北京大学成为世界上登顶珠穆朗玛峰校友最多的大学；已有 7 位校友完成了"777 马拉松"（7 天跨越 7 大洲完成 7 个马拉松），北京大学成为世界上完成此挑战校友最多的大学。这足以体现北京大学的户外探险精神和追求卓越的品质。

北京大学的户外运动发展到今天，已经形成了以山鹰社开展雪山攀登为代表的"勇攀高峰"精神，和以其他户外社团广泛开展户外休闲健身活动的"健康有爱"精神。

1. 户外教学课程

北京大学山鹰社促进了户外课程的开设，北京大学体育部先后开设 3 门户外教育课程，包括 1998 年开设的攀岩课、2003 年开设的拓展训练课和 2010 年开设的定向与徒步运动课，随后又开设了骑行教育、户外探索等户外课程。定向与徒步运动充分利用北京大学校园及周边（圆明园、清华园、海淀公园、颐和园等）自然环境丰富的优势，开展各种适宜的越野跑、定向、徒步、北欧式越野行走、露营等户外项目。这些户外教育课深受学生喜爱，均多次荣获教学评估第一名的成绩。学校目前有户外运动场地三块，即山鹰社攀岩场地、室内抱石场地和拓展训练场地。北京大学从 2007 年开始，举办和承办了每期 5~6 天拓展师资培训班，已有 30 多期。

2. 户外社团

从 1989 年北京大学第一个户外社团——山鹰社成立，到 2021 年底，北京大学共成立 10 个户外类社团和 13 个户外运动队。目前，北大户外社团有山鹰社、自行车协会、徒步协会、定向协会、拓展协会、滑雪协会、教职工户外健身协会、教职工自行车协会等。户外运动队有登山队、科考队、攀岩队、自行车队、徒步队、定向队、滑雪队、拓展队、户外队、铁人三项队、教工越野跑队、教工登山队、教工自行车队。另外，校友户外协会与代表队也众多，如北大校友户外分会、光华户外俱乐部、国发院户外俱乐部、汇丰户外俱乐部、戈友会、戈壁挑战赛代表队、亚太地区商学院沙漠挑战赛代表队。

这些协会均有完善的规章制度和组织架构，协会规模 100~2400 人不等，按照学校的社团管理办法，每年秋季和春季学期开学的第 2 周组织社团招新工作，号称"百团大战"。户外社团通常以金字塔递进的方式开展活动和选拔队员，比如，周中日常训练、周末野外拉练实践、小长假举办赛事、寒暑假远征和品牌活动户外实践。以山鹰社为例，每周二、周四晚上有 100 多人参加体能训练，周中每天中午可以进行攀岩训练，每支队伍 20 人左右参加周末和小长假野外拉练，整个学期全勤者有资格申请 30 多个冬训名额，而参加过冬训并完成一系列的攀岩、体能等考核合格者，有资格申请暑假的雪山攀登及徒步科考队（表 17）。

表 17　北京大学户外社团基本信息统计表

社团名称	成立时间	规模/人	活动			
			日常活动	频次	品牌活动	频次
山鹰社	1989/04/01	700	体能训练	2 次/周	户外技能大赛	1 次/年
			野外活动（登山、露营）	1 次/周	寒假冬训	1 次/年
			攀岩训练	3 次/周	暑假科考	1 次/年
			讲座	10 次/年	雪山攀登	1 次/年
			拉练	1 次/周	全国大学生山地车交流赛	1 次/年
自行车协会	1995/10/25	800	日常训练	3 次/周	暑期远征	1 次/年
			讲座	—	暑期成果交流会	1 次/年
			义务修车	1 次/周	文化周	1 次/年
			常规训练	2 次/周	新生杯	1 次/年
			讲座	15 次/年	北大杯	1 次/年
定向运动协会	2006/04/12	200	日常定向赛	不定期	野外拉练（徒步、穿越）	2 次/年
			体能训练	1 次/周	全国学生定向越野锦标赛	1 次/年
				—	军训定向越野赛	1 次/年
徒步爱好者协会	2011/03	1000	户外徒步	1 次/周	库布其沙漠徒步	1 次/年
				—	环青海湖徒步	1 次/年
				—	川西徒步行	不定期
素质拓展协会	2004/03/01	100	素拓游戏	不定期	探索杯北京市生存挑战赛	1 次/年
			素拓培训	不定期	北京市素质拓展运动会	1 次/年
				—	素质拓展运动会	2 次/年

续表

社团名称	成立时间	规模/人	活动			
			日常活动	频次	品牌活动	频次
滑雪协会	2010/02	300	周末滑雪	1次/周	首都大学生高山滑雪赛	1次/年
			讲座	不定期	全国大学生滑雪比赛	1次/年
教职工户外健身协会	2010/09	2400	亲子户外	8次/年	环青海湖徒步	1次/年
			徒步露营	6次/年	穿越腾格里沙漠	1次/年
			香山夜爬	1次/周	国外经典线路徒步	1次/年
			野外穿越	1次/周	雪山攀登	1次/年
教职工自行车协会	2015/11/08	102	山地车、公路车拉练	不定期	2015京津冀全民骑行健身节暨全能冠军挑战赛	1次/年
北大马队	2013/04	131	马拉松、越野跑、铁三	2次/周	国内外各类赛事	30次/年

户外社团采用"自我管理，全面发展"的治理思路，校团委和校工会作为社团的注册监管部门，体育部作为业务指导部门，并委派相关专业的体育教师作为指导教师，负责社团发展和重要活动的审批与指导。对于社团具体活动，各个社团拥有最大程度的自治权利。各个社团均有完善的内部管理机制，通常由理事会和部长会组成，理事会负责重要事务的决策，部长会负责执行，一学年换届一次，理事会通常由上1~2届的部长会成员组成，保证了社团发展的传承性。以山鹰社为例，部长会的组成有社长、秘书长、团支书、宣传部部长、装备部长、资料部长、交流处长、媒体处长、攀岩处长、训练处长、野外处长、赞助处长、攀岩队长、财务和出纳。

户外社团以品牌活动为引擎，带动和盘活日常训练和活动，形成了良好的互动。这些品牌活动具有较大的社会影响力，以自行车协会为例，成立20年来，足迹遍布全国；1989年4月1日北京大学登山协会成立，翌年更名为北京大学山鹰社，拉开了民间登山的序幕，创造了多项国人首登、世界首登的纪录，填补了多项民间登山空白。2018年5月15日，共12人登顶珠峰献礼北大120周年校庆。截至2021年底，山鹰社共进行了49次攀登，攀登了31座雪山。山鹰社还开展了 27 次科考，涉及青海、西藏、新疆、云南、四川等西部各省、自治区，考察了经济、教育、民俗文化、宗教、医疗卫生、自然、生态等方面。截至目前，山鹰社已经培养出 12 名国家登山运动健将、10 名国家一级登山运动员和多名国家二、三级登山运动员；滑雪协会多次获得北京市总冠军和全国大学生滑雪比赛亚军；教职工户外健身协会组织攀登哈巴雪山和非洲的乞力马扎罗山、徒步尼泊尔安纳普尔纳、徒步欧洲阿尔卑斯、环青海湖骑行等各类活动 300 余场。各类户外社团形成联动，比如，2012 年川西行就是教职工协会、山鹰社和徒步协会联合发起。山鹰社和自行车协会在 270 个北大学生社团中多次荣获品牌社团的称号，教职工户外健身协会多次荣获先进教职工社团的称号。

户外社团对丰富校园文化、普及户外教育发挥了重要作用，并且培养了很多优秀的户外教育人才，在全社会推广户外运动和教育。尽管这些学生并不是体育特长生，但是由于在社团中发展和培养了户外教育兴趣，并最终从事户外事业，以山鹰社的赵雷为例，他曾是物理学院的高材生，毕业后从事攀岩教练，并成为国家攀岩队主教练。自行车协会的李陶，2008 年暑期队员，离开协会后从事自行车行业，担任自行车赛事解说，堪称国内自行车赛解说第一人，曾是 2014 年环法自行车赛解说员。通过表 18 发现，户外优秀人才的培养主要集中在 2000 年以前，从 2000 年至现在处于断档或零星出现的状况，究其原因，2000 年以前属于我国户外教育的萌芽发展阶段，这些在大学就有户外经验的人就是当时最专业的人群，因此均有较好的发展。后来北大户外受 2002 年的山难影响，以及户外教育进入专业化发展，如 2005 年开设户外运动方向，为市场输送了更多经过系统学习的专业户外人才，再加之就业形势严峻，学生对于户外运动的精力投入有所减少。以攀岩为例，2000 年以后，北京大学很少获得攀岩赛冠军。这从另一个方面也说明了我国专业户外教育发展的迅速和效果卓越，这对推动高校的户外教育具有重要意义。

表 18　北大山鹰社优秀户外教育人才一览表

姓名	入社时间/年	职务/成就
欧阳旭	1989	西藏圣地股份有限公司董事长
曹峻	1989	深圳市户外登山运动协会副会长，大理领攀户外运动学校理事长，2013 年登顶珠峰
曾山	1990	成都领攀学校校长（曾是北京大学的美国留学生）

续表

姓名	入社时间/年	职务/成就
白福利	1994	2012 年登顶珠峰
赵雷	1995	国家攀岩队总教练
陈科屹	1997	险峰长青创始合伙人（国内知名风投机构）
孙斌	1998	巅峰户外学校校长（曾多次完成"7+2"、国家登山队原教练、负责 2008 年珠峰火炬传递任务）（攀登七大洲最高峰，且徒步到达南北两极点的极限探险活动）
方翔	2000	中国登山协会户外运动部，参与 2008 年珠峰火炬传递任务，2018 年登顶珠峰
刘博	2008	北京大学户外教师，北京高知户外联盟发起人
李赞	2009	专职户外登山教练，负责高校户外社团培训
张墨含	2012	万科户外项目负责人

　　教职工户外社团在推动户外教育方面起到了户外人群全方位覆盖的作用。此类社团的优势在于人员的稳定性高，因此协会会员的人数较多，注册会员 1400 人，非注册会员 1000 余人，统计显示，女性会员占 58%，教职工占 42%，家属占 28%，校友和其他占 16%，学生占 14%，教职工户外社团实现了师生共同交流，学校与社会、家庭协同开展户外教育的目的。参与活动的人群年龄为 6~66 岁，18 岁以下占 18.9%，并且以 6~12 岁的小学生为主，他们参与活动的总次数占全年总数的 18.95%，而 41~45 岁的比例为 17.72%，两个人群比较接近，初步推断教职工通常是带着孩子参加户外活动，体现了高知人群对户外教育功能和价值的高度认可。其中 36~50 岁的人群最多，占总数的 46.76%，而人均参与活动次数最多的年龄段却是 51~55 岁，可以推断中青年人群科研和教学任务繁重，工作压力比较大，有参加活动的渴望，而实际参与活动并不足，见图 32~图 34。

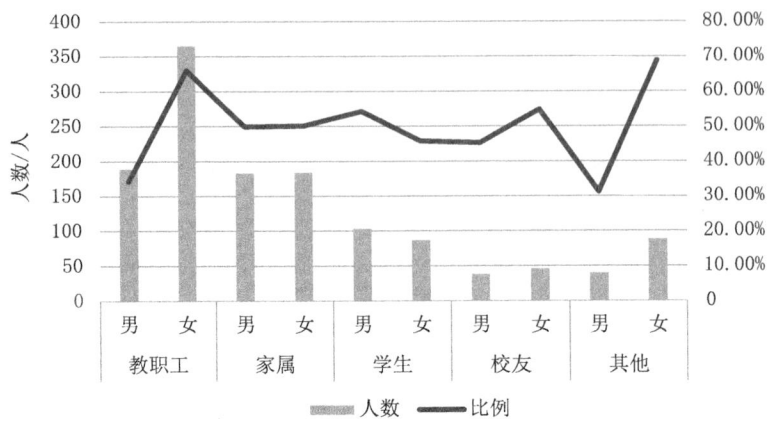

图32　北京大学户外社团协会人员构成与性别分布

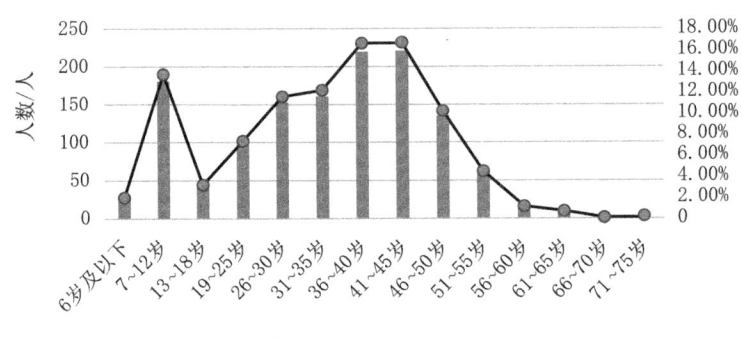

图33　北京大学户外社团协会人员年龄分布

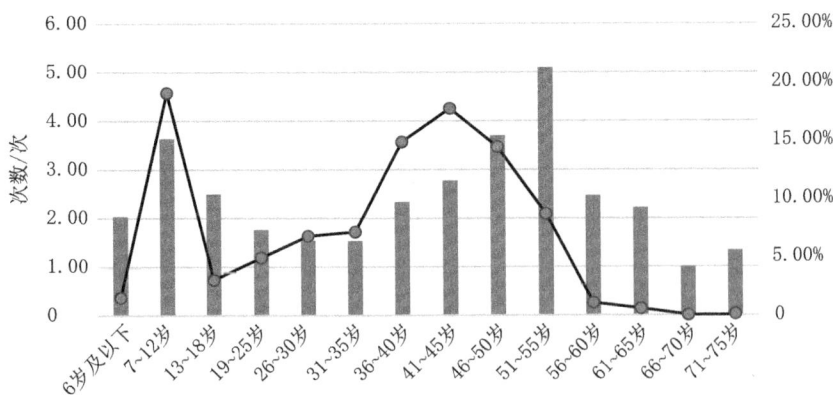

图34　北京大学户外社团协会人员各年龄段参与活动情况统计

通过分析 2015 年度参加活动次数前 10 名的会员（见表 19），发现排名第一和第九的是两位小学生，其中排名第一的小朋友是一位北大附小二年级学生，目前已完赛三个全程马拉松、两次徒步沙漠、参加过欧洲阿尔卑斯徒步和尼泊尔安纳普尔纳徒步，数据再次佐证了青少年是户外教育主要发展对象。数据还显示，50 岁及以上的有五位，这与中年人生活压力和工作压力小、健康意识强，开始追求户外休闲、户外健身等自我幸福感提升有关，他们是各类户外协会的忠实参与者。

表 19　参加活动次数前十名名单及其信息统计表

序号	姓名	性别	年龄/岁	健康状况	参加活动次数/次
1	余博*	男	9	健康	41
2	杨新*	女	53	—	37
3	王晓*	女	55	—	33
4	钱俊*	男	36	健康	31
5	赵毓*	女	61	—	30
6	曹*	女	50	—	30
7	刁建*	男	28	健康	30
8	戴淑*	女	40	健康	29
9	韩如*	男	9	—	29
10	彭湘*	女	53	健康	27

3. 户外赛事

户外赛事是北京大学实施户外教育的主要路径。北京大学的户外赛事主要分为体育部主办、社团主办的校内赛事，以及大体协举办的校外赛事。通过表 20 可知，以 2015 年为例，北京大学共主办或参加各类户外赛事 31 场，其中各学校内主办 10 场，参加校外户外赛事 21 场。在众多户外赛事中，最有影响力的有三个：山鹰社主办的全国高校户外技能大赛，截至 2015 年已经举办 10 届，来自全国 25 所高校的户外社团代表队进行为期 3 天的攀岩、定向、露营、拓展、户外救援技能等项目的比赛；自行车协会主办的全国大学生山地车交流赛，截至 2015 年已成功举办 12 届，来自全国 100 多所高校的自行车协会和车队，800 多位队员参赛；北京大学主办的十大名校 300 公里徒步马拉松赛，为期 10 天徒步行走约 300 公里，海拔攀升 11320 米，见表 21。这类户外赛事最大的特点不仅是对大学生技能、身体和意志的考验，更具有人生的成长和户外教育的意义。武汉大学的参赛队员吕玉梅在参后感中说："人生会有很多的 300 公里，但是没有一次能代替这一次，我享受其中、成长其中。它的意义在于身体，更在于精神。每一次出发，都是新的开始；每一次休整，都是为了更好地出发。300 公里，没有徒劳的动作，就像人生，每一刻都是偶然中的必然，每一次都是众多前奏铺垫的结果。"北京大学参赛队员王润辉说："这次活动带给我的最重要的意义是对我的改变，在此之前我一直很自我，不喜欢跟别人打交道，从来都是一个人去跑步，一个人去健身房，上课的时候自己坐在一旁，感觉很多事情一个人完全可以搞定，我不需要别人的陪伴，可是在这 300 公里的马拉松中我深切地感受到了团队带给我的力量，我终于明白一个人确实可以走得更快，但是只有和一群人在一起才能够走得更远。"这位队员的总结，尤其是"一个人确实可以走得更快，但是只有和一群人在一起，才能够走得更远"是对户外教育的意义最好的诠释。

表 20　2015 年北京大学户外赛事统计表

序号	赛事	时间	地点	主办单位
1	首都高校大学生滑雪比赛	1 月	渔阳等	北京市大学生体育协会
2	全国大学生滑雪挑战赛	3 月	崇礼	中国大学生体育协会
3	拓展训练趣味运动会	3—4 月	五四体育中心	北京大学体育部
4	首都高校第三届徒步大会	4 月 11 日	门头沟	北京市大学生体育协会
5	北大杯之户外赛	3—6 月	北京大学全校	北京大学学生会
6	第九届全国高校户外技能大赛	4 月	北京大学第一体育馆、西山森林公园	北京大学山鹰社
7	北航无限制接力赛	5 月 1 日	北京航空航天大学田径场	北京航空航天大学马拉松协会
8	教职工登山赛	5 月	昌平蟒山	北京大学工会
9	第十三届全国高校山地车交流赛	5 月	廊坊市固安县	北京大学自行车协会
10	第三届师生徒步越野赛	5 月	门头沟	北京大学工会、体教部

续表

序号	赛事	时间	地点	主办单位
11	5+2 半程马拉松	5 月	未名湖	北京大学跑步爱好者协会
12	北京高校攀岩挑战赛	6 月	北京林业大学	—
13	首都高等学校第五届大学生龙舟锦标赛	6 月 20 日	延庆夏都公园	北京市大学生体育协会
14	全国大学生龙舟邀请赛	6 月	杭州西溪湿地	中国大学生体育协会
15	全国大学生龙舟赛	7 月	浙江建德	C9 联盟
16	全国大学生攀岩赛	7 月	山东济南	中国大学生体育协会
17	全国大学生定向赛	7 月	长白山	中国大学生体育协会
18	亚洲大学生自行车公路赛	7 月	韩国	—
19	新生杯之户外赛	9—12 月	—	北京大学学生会
20	世界名校龙舟赛	10 月 1 日	天津	中国大学生体育协会龙舟分会
21	长城马拉松	10 月 17 日	怀柔	北京市体育局
22	首都高校第十一届攀岩锦标赛	10 月 24 日	中国地质大学（北京）	山鹰社
23	首都高等学校第十二届越野攀登比赛	10 月 31 日	鹫峰	北京市大学生体育协会
24	北大教工自行车协会秋季赛事	11 月	—	北京大学工会
25	"指北针杯" 2015 年首都高校学生徒步定向（指北针）锦标赛	11 月 21 日	东坝郊野公园	北京市大学生体育协会
26	全国大学生"三走挑战赛"观摩交流暨首都高等学校第五届拓展运动会	10 月 31 日—11 月 1 日	首都体育学院	北京市大学生体育协会
27	高校越野赛——路跑	12 月 5 日	建筑大学	北京市大学生体育协会
28	徒步定向赛	11 月	中国地质大学（北京）	—
29	国际长征——越野赛	11 月 25 日	广西桂林	中国大学生体育协会
30	第二十三届冬季越野长跑	12 月 2 日	北京大学	北京大学体育部
31	第四届师生徒步越野赛	12 月 3 日	北京大学	北京大学工会、体教部

表21　2015年首届十大高校300公里徒步马拉松数据统计表

日期	起点—终点	运动时间 （含徒步间休息）	距离/ 公里	海拔上升/ 米	海拔下降/ 米
7月3日	鹫峰—马刨泉村	11小时	43	2255	1618
7月4日	马刨泉村—横岭村	7小时20分钟	17.2	444	245
7月5日	横岭村—幽州村	10小时44分钟	31.8	1042	1499
7月6日	幽州村—桑园镇	6小时30分钟	22.5	540	424
7月7日	下马威—灵山停车场	5小时30分钟	10.8	996	805
7月8日	灵山停车场—柏峪	12小时17分钟	29.1	1233	1944
7月9日	柏峪—清水河镇	13小时58分钟	36.4	911	1205
7月10日	百花山—黄安坨	10小时30分钟	24.8	1716	1490
7月11日	达摩庄—千军台	10小时13分钟	30.7	1243	1355
7月12日	灰地—潭柘寺	6小时44分钟	18	940	1057
总计		96小时46分钟	264.3	11320	11642

4. 户外活动

户外活动是户外教育的主要组成部分，北京大学的户外活动丰富多彩，有户外运动、户外文化、户外实践等多种形式，主要由户外类社团发起组织和学校职能部门发起组织。

北京大学户外社团将志存高远、勇攀高峰、不畏艰险、敢于创新的户外运动精神与敢为天下先的北大精神完美契合，每年开展户外实践活动和户外文化活动640余场，多达20000人次。另外，一些非户外的体育类社团也会定期组织户外活动，进行团队建设，增进组员之间的感情交流；生命科学、环保、天文、考古等各个与户外相关的社团，每年会定期组织户外实践活动，很好地推广户外教育。

校团委和体育部在每年的10—11月主办北京大学户外运动文化节，联合各个社团和社会优质户外资源开展丰富多彩的户外运动和户外文化交流活动，比如，2015年的文化节联合肯道尔国际山地电影节开展为期一周的户外题材的电影展放活动。各级各类的学生工作主管部门规模性地组织学生进行拓展训练、徒步春游和秋游等户外教育活动；学校各级各类工会组织也积极开展教职工喜闻乐见的户外健步走、登山、定向、徒步、持杖越野走等户外活动，并邀请校外专业户外机构，进行户外安全教育讲座。

5. 户外科研

户外科研是保障户外教学、户外赛事、户外活动和户外社团科学发展的必然选择。尤其是作为高校，重视学科研究既是责任，也是使命。为了进一步开展户外教育研究工作，北京大学体育部先后成立了拓展训练研究中心、户外教育研究中心等学术机构。截至 2015 年底，相关户外专业的教师和社团已经出版户外教育类书籍和教材 20 余本，发表论文和学术会议文章 20 余篇，尤其是关于拓展训练的研究在国内学校拓展训练界处于领先水平。

户外教育的教师是户外科研的主力军，在学校大力支持下，可做长达 24 个月的户外教学实验。户外教师可以申请参加各类行业会议和学术交流，并将国内外知名的户外教育专家请进北京大学（比如，中国台湾户外教育专家谢智谋、英国体验式教育专家柯林、美国童子军协会主席等），也与国内外相关户外教育机构保持密切的沟通交流（比如，美国体验式教育协会、美国户外教育学校和新加坡童子军等）。

综上所述，北京大学具有优良的户外教育传统，形成了户外教学、户外社团、户外赛事、户外活动和户外科研相互促进的良好户外教育生态圈，并且以开放和兼容并包的心态保持与社会户外教育的良好互动。这一模式对于我国各类学校开展户外教育具有借鉴意义。

三、家庭户外教育

家庭户外教育是在家庭生活中家庭成员之间随意或刻意进行的户外教育活动。家庭教育是人与人之间最自然的教育，家庭成员之间的关系相对简单和淳朴，家庭又具有私密性和封闭性的特点。因此，关于家庭户外教育的分类，采用家庭内部的户外教育和外部对于家庭的户外教育两种。其中，家庭教育通常指长辈对晚辈实施的户外教育行为。

由于我国户外教育整体发展水平不高，户外教育还没有进入大部分家庭的生活范畴中，户外教育生活化是开展家庭教育的最广泛基础，也是户外教育的最终教育目的之一。家庭中的户外教育是一种非正式学习环境中的碎片化教育行为，因此，其教育的效果和科学性均处于非稳态状态，需要与学校户外教育和社会户外教育密切结合，才能发挥重要作用。即使在美国、欧洲等户外教育生活化的地区，也需要通过童子军等社会户外教育机构和学校户外教育课程，进行系统化的户外学习。

（一）家庭内部的户外教育

这类教育可以发生在家庭住所及附近，也可以发生在家庭成员共同前往的户外自然环境中，主要是指家庭成员之间，随意或有意开展与户外相关或为了户外的非正式户外教育活动。

家庭内部成员之间的教育行为，按照家庭成员之间的家庭代际关系和施教者与受教者的身份，可以分为晚辈向前辈学习的前喻文化教育，前辈向晚辈学习的后喻文化教育，以及长辈和晚辈都向自己的同辈学习或互相学习的并喻文化教育。

1. 前喻户外教育

父辈在日常的家庭生活中，对孩子，尤其是对青少年们进行应景而生的户外教育活动，是家庭户外教育的最主要形式。这可以发生在参加学校组织的某次户外郊游活动或夏令营的准备时、一起观看《荒野求生》纪录片并深度讨论时、一家人自驾休闲旅行时、一家人在自然环境中探秘时等不同的情境中。但并不是只要身处这样的情境中，就一定产生户外教育行为，只有家长具有科学的户外教育理念、认识到户外教育的价值和意义、掌握一定的户外教育内容、懂得循序渐进的教育方法、使用自然而然的教育策略，才能让户外教育轻松而自然地发生，并潜移默化地影响孩子的成长。家庭户外教育的实施，除了要具有以上显性户外教育的能力，还要考虑隐性的家庭教育因素：家庭成员的户外兴趣爱好、身体健康情况、身体素质和运动能力，以及家庭经济条件、家长的户外文化素养、家长的环保与自然观及家庭休闲生活方式等。一位不喜欢户外、不喜欢运动、不鼓励参与户外挑战的家长，很难调教出喜好户外活动、亲近自然的孩子。

随着当今经济、社会的发展，留给都市人的家庭生活的休闲时间在不断减少，这就要求家庭生活的各种交流和学习行为更加高效。然而，当代家长们并未接受过系统而正规的户外教育，何谈教育孩子，并让户外教育成为家庭教育的重要组成呢？尽管社会上出现了一些"户二代""驴二代"，让人欣慰的是，毕竟是凤毛麟角。不久的将来，随着社会教育和学校户外教育的进一步普及，会有越来越多的家长意识到户外教育不仅是对户外知识技术理念等内容的学习，也是青少年人格培养的重要且不可或缺的手段载体，这将极大地促进家庭户外教育的科学高效发展。

家长要营造重视和热爱户外活动的家庭氛围，并通过不断的学习来提升自身户外教育知识、技能和理念，做一个有户外教育胜任力的家长。家长要加强与社会户外教育和学校户外教育的沟通和交流，使家庭户外教育做好主流户外教育的有益补充。

2. 后喻户外教育

随着信息技术的高度发展，以及社会户外教育机构的普及，青少年获取户外教育信息和内容的渠道增多，所掌握的户外知识、技能等超过了父辈。在一些家庭生活的户外情境中，孩子们反转角色，扮演起户外教育施教者的角色，帮助父辈提高户外知识技能。我们经常会看到，青少年绘声绘色地给家长讲他们在电视上或者网络上获取的户外知识：怎样避雷、怎样搭帐篷、怎样钻木取火、怎样遵守 LNT 原则、怎样在野外寻找动物和水源等。

目前，我国的社会户外教育相对发达，青少年可以通过专业户外教育机构、社区户外教育和传媒户外教育等，接受系统的户外教育，而父辈缺少这样的户外教育经历。因此，后喻户外教育在全面普及户外教育的过程中起到重要的调节作用。

3. 并喻户外教育

户外知识技能以平面化的方式扩散是并喻户外教育的显著特点。它不像前喻和后喻呈单方面优势的状态，而是以长辈与晚辈之间、同辈们之间双向互动的方式展开户外教育内容。家长们可能具备户外活动的经验和技能，而孩子们具有较强的创新能力和接受新鲜户外知识的能力，双方各具优势、相互学习、相互影响、共同成长。这是户外教育最科学和理想的存在状态。家庭成员们都具备户外知识技能，而又都具有不同的户外教育经验和能力，从而形成良好的非均衡代偿的互动模式，这也增添了家庭生活的乐趣。

（二）外部对家庭的户外教育

有户外教育意愿的家庭，在自身不具备较强的户外教育胜任力时，最好的选择是和社会户外教育机构合作，这些社会组织拥有专门开发的课程、专业的户外教育从业人员和精选的户外教育环境。这种以家庭为单位，家庭成员一起参与共同体验、共同学习的户外教育活动，既具有社会教育属性又具有家庭教育属性，但是这类活动的显著特征是仍然保持家庭生活氛围的呈现，最典型的是亲子户外教育，这也是目前比较流行的家庭户外教育形式。通常有不少于一位的父母辈和孩子一起参与户外活动，如徒步、露营、拓展训练、定向、攀岩、皮划艇、飞拉达、骑行等活动。贝尔训练营的"24 小时家庭课程"及《爸爸去哪儿》等，都属于亲子户外教育。

这类活动不仅能够让家庭成员欣赏美丽风景、放松身心、掌握户外运动知识技能、培养个体的意志品质和完善人格，更能促进父母辈与子女的进一步了解沟通，增进感情，增强家庭凝聚力，提升家庭生活的幸福感，家长和孩子能够共同成长。一位陪 11 岁孩子完成了 3 天 2 夜沙漠穿越的妈妈说："徒步也给我观察学习家长们如何教育孩子进行反思自己教育孩子的方法是否合理的机会。我剥夺了许多让孩子成长的机会。明知道睡袋非常蓬松、体积巨大，孩子根本不大可能塞进睡袋中，只想替他叠小，没有想到找一个大点的袋子让他自己去装。明知道充气地垫、帐篷不好叠，也不容易塞到袋子中，行前也没有让他练习。遇到问题，我只是想到替孩子做，没有想办法解决问题。我也发现有时我太强势，把自己的意志强加在孩子身上，自己即使是对的，也应该与孩子在平等尊重的基础上沟通。有时我太啰嗦，一件事不停地说，引起孩子的反感厌烦。徒步中拍到的大多是孩子们的背影，也许这是我们家长最合适的位置，在孩子背后提供支持，在合法安全范围内，创造条件，给孩子独立成长的空间与机会，让孩子去探索、去决定自己走的路。父母之于孩子估计都是这样的吧。家长所做的就是为了孩子更好地离开，望着前方孩子的背影，自己也加油吧！中国好家长！"

这位孩子在感想里写道："在走沙队伍里，我们轮流当旗手，轮到我了，我非常高兴地举着往前跑，一下子有了很多力气。因为队旗代表了队伍的方向，大家都得跟着队旗走。可后来走得累了，我干脆把旗斜插在背包上，被妈妈说像个巡山的小妖。妈妈语重心长地告诉我，旗手就得举着旗帜，人在旗在。这下我明白了扛队旗不是好玩和炫耀，而是责任。我心里虽然还是有些叫苦，但同时也有另一个声音说，要做好真正的旗手，队员们要跟着队旗走呢！伴着这声音，我的手臂酸痛一阵后，也奇怪地没感觉了，我妈说，这是我的手臂肌肉成长了，有力量了，最重要的是我的责任感增强了！"

四、小结

本节以我国户外教育现阶段的实然问题为研究对象，将实证的调查研究与理论归纳相结合，详细分析社会户外教育、学校户外教育和家庭户外教育组成的我国户外教育三位一体的实践路径。研究发现社会户外教育影响力最大，其次是学校户外教育，最弱的是家庭户外教育。社会户外教育在我国的开展主要通过行业协会、专业户外机构、民间个人与团体、个人自学与单位自导、户外文化机构及其他五种路径实现。学校户外教育的开展以户外教学课程、师生户外社团、户外赛事、户外活动和户外科研五种形式存在。家庭户外教育由家庭内部的户外教育和外部对于家庭内部进行的亲子户外教育组成，但是由于户外教育还没有达到一定量级的生活化、日常化，因此关于家庭户外教育的研究深度不够。

第三节　户外教育的案例分析

本节是基于前文提出的户外教育理论的理论应然状态到具体实践应然状态的示范案例。此案例之于本研究是一个具体的情境分析，而案例本身的论述又是采用类属分析法。本案例研究既为本研究户外教育理论思想提供了理论源于实践的灵感，也从其开展的效果方面检验了源于实践的理论。

一、项目背景

此项目以大教育观和全人教育的指导思想，通过精心设计的户外体验式课程，涉及徒步、露营、拓展、攀岩、远足、骑行、独木舟、登山、野外生存等经典项目，与注重人文素养提升的经典中英文名著阅读相结合，从而达到对学生们的身体、语言、思想和灵魂的深层次提升，最终完成对于学生的潜能开发、习惯养成、能力提升和品格塑造的目标。

（一）课程情况

QT 项目通过精心设计的户外教育和经典人文阅读两大课程项目，在大自然和经典阅读中，不断引导孩子们脱离舒适区，磨练团队合作力、领导力、思考力、创新力和解决问题的能力等，培养孩子们坚毅、乐观、自律、激情、感恩、责任、合作、善良、宽容等重要内在品格。

2015 年 2 月正式开始第一学期课程，项目拟持续四学期，递进设计，定期监测。每周中 2 课时校园户外教育课程，2 课时中英文经典著作精读课程，周末开展团队大自然户外教育及定期的大型远征户外历练、拓展项目。户外教育项目是培养人的载体，通过有形的运动方式，培养无形而有神的人格与高尚灵魂。课程采用自然主义、建构主义和体验式教育思想；注重知识技术，同时更注重人文素养的培养；锻炼体能、意志品质，促进身体与心灵的对话；并采用小领队轮流制以培养领导力等，融入户外学习课堂，让学习随时随地自然发生。

具体实验过程，详见上文研究方法中的案例分析部分。具体课程表可详见附录6。

（二）人员情况

QT教育实验项目是本研究教育思想的实践。以本研究的9位学生为研究对象，他们从小学五年级下学期开始接触QT项目，父母均是从名校毕业的高学历人才且具有一定的社会地位，家庭年收入均在50万元人民币以上，属于中产阶层家庭，详见表22。项目的选择本着自愿参加、双方互选的方式，进行学生选取。

项目的课程执行，由两位核心教师组成。笔者有着12年以上的户外教育经验，是某大学负责户外教育课程的副教授；另外一名教师清华大学毕业，在世界五百强公司做中国区高层管理者，主要负责人文社会课程。

表22　QT项目家庭基本情况简表

序号	1	2	3	4	5	6	7	8	9
姓名	可可	陆子	宁宁	芝芝	小方	大窦	小叶	龙龙	天天
性别	女	女	女	女	男	男	男	男	男
出生年份	2004	2004	2004	2004	2004	2003	2004	2004	2004
父亲毕业学校	北京文博学院	北京大学	—	北京大学	北京大学	厦门大学	—	中央财经大学	北京航空航天大学
父亲学历	本科	研究生	—	博士	硕士	本科	—	本科	博士研究生
父亲职称/职务	高级经理	校长法律顾问办公室主任	—	副教授	总经理	副总经理	—	处长	教授
父亲职业	书画经纪人	律师	—	教师	法律咨询	金融	—	公务员	教师
母亲毕业学校	—	清华大学	厦门大学	—	北京外国语大学	北京大学	湖南大学	北京交通大学	北京大学

序号	1	2	3	4	5	6	7	8	9
母亲学历	—	硕士	硕士	—	本科	硕士	本科	硕士	博士
母亲职称/职务	—	战略总监、总经理	老板	—	行政经理	经理	财务经理	人事经理	副教授
母亲职业	—	教育者	商人	—	外企职员	银行	财务经理	公司职员	教师

注：考虑家庭父母成员职业保密、特殊性的因素，未列出的信息用"—"代替。

二、教育思想

（一）大教育思想体现

1. 人文素养与科学素养的联合

当前户外教育项目以科学主义为主，为优化项目，特增加了中英文经典阅读、人文关怀和人文环境的人文教育。比如，孩子们耗时 3 个小时，攀登到京郊崇山峻岭之间最高的长城烽火台上，一起齐声朗诵《少年中国说》的奋进场景；孩子们在后河露营的早晨，拿起书本，来到溪水边、大树下，伴着营地袅袅的炊烟，大声背诵《诗经》的诗情画意；在前往山林徒步的大巴车上，轮流演讲环境儿童组织的 12 岁女孩的联合国环境保护宣言的激昂场景……让户外教育的价值得到无限延展。一位跟队的家长写道："我们只重视帮孩子学习知识、增添技能、获得学历、考取证书……所有这些显性的知识技能，都被认为是在给孩子在这条竞争激烈的跑道上增加'成功'的筹码。而未来的人生道路更重要的隐性能力——领导力、团队合作、解决问题的能力和良好的品格，这些却从起跑线上就惨遭忽视。教育的初心是'成人'而非'成才'。"

2. 各类教育形式的联合

各类教育形式的联合是以自我教育为主体、他人教育为主导、非正式教育与正式教育相结合的理念，充分调动学生自学和自组织的积极性。徒步穿越十三陵和京西古道的项目，要求学生在徒步中 2 人一组讲解户外线路有关的人文故事，于是他们提前一周自学相关知识，通过网络查询和向父母请教的非正式学习的形式，收集了马蹄窝、潭柘寺、十三陵等资料，使学习不只是停留在户外徒步中，而是延展到之前自学和之后的反思，形成一个完整的学习过程，实现"教的目的为了不教"的自我教育。

3. 家校社的联合

大教育思想指导下的教育路径由家庭、学校和社会组成，三者亲密无间地联合开展教育，会使户外教育的效果最大化。项目中每周一次 2 小时的户外教育课程，固定时间、固定地点、有系统化的教学大纲和教案，可以类比学校户外教育；每周末的各种户外体验课程，可以类比社会教育组织提供的社会户外教育；家长和孩子一起参加的小长假露营活动，可以类比家庭户外教育中的亲子户外教育。孩子们在 QT 项目中学到和体验很多户外常识，调查显示，孩子与家长的有关户外的互动交流显著增多。在项目开展的两个寒暑假期间，家长带孩子旅行的也改为户外深度自助游。这充分证明专业的户外教育项目实现了学校、社会的户外教育促进家庭户外教育及家庭亲子户外教育发展的目的。

(二) 教育指导思想

1. 自然教育

莎士比亚说过："轻轻一碰大自然，整个世界就亲昵起来。"大自然是一位神奇的导师，有自然教化之功，她让我们在逆境中学习无声的力量，新生、绽放和克己的本能。

进行户外教育需要走进户外环境，接受自然的一切和一切的自然。在进行风险评估后，QT 项目的周末活动很少会因为天气而取消，学生们会在雪中、雨中、大风中、黑夜中充分感知自然、认识自然、接受自然，同时也发展各类感知觉能力。项目通常选择行走在自然的路径上、古道里、树林中、溪水边，以便更近距离地接触自然和通达人性。

在风险可控的范围里，我们采用自然的惩罚，也就是卢梭所讲的"消极教育"的自然教育思想。学生天天在总结中说："由于在京西古道的暴风雪中徒步时的穿衣不符合户外着装原则而得到教训，我和妈妈恶补了装备和户外着装技能，我学会和自然、环境打交道。这次圆明园越野定向，尽管行走在风雪中，却能保持身体的干爽，我和妈妈一起在成长。"

户外教育要遵循学生们成长的规律，充分尊重学生的兴趣爱好。12 岁之前是发展灵敏性、协调性的敏感期。在课程开展时，利用这一自然规律和孩子们的兴趣，教师都会组织 20 分钟滚翻和爬行训练。芝芝说："我最喜欢的就是攀岩课前，在垫子上的各种翻滚练习、爬行比赛和撕名牌大战。"

2. 建构主义教育

建构主义教育主要体现在教师与学生良好互动，不做预设的动态生成性的教学思想。

教师在课程小结中写道："原计划是一条山岳历史文化传统路线，以项目探究的方式进行学习，但是在实地操作中因为雪的元素的加入，冲击力太大了，影响实地的历史文化之旅，应景地改为'冰雪奇缘'——打雪仗、堆雪人、学习雪地定向和生存能力、体验雪地的装备需求、欣赏壮美的雪山风光。这也许就是动态生成性教学，建构主义教育思想的体现。"

在进行攀岩抱石的训练中，同学们互相不服气，于是教师根据这种情景，要求大家以自己的姓名来命名设计自己能够完成的抱石线路，然后让他人来攀爬挑战，完成他人线路最多者获最佳挑战奖，通过率最低的线路获最佳线路奖。这些应景的设计体现了建构主义教育思想，打造师生学习共同体。

3. 体验式教育

体验式教育注重引导、分享、反思和总结。无论户外体验项目的大小，都要进行总结发言。

在一次长城徒步后，以每人说 3 个关键词，并解释为什么的方式，进行总结发言。教师在教学日志上写道："今天孩子分享的关键词：长城、残缺、传统、古老、雄伟、漂亮、分享、团队、疲劳、坚持、爽、垃圾、环保和少年中国说。这些词虽有重复，但是趋同性很强，可见大家对于这条线路的体验感受比较一致。"

在成功完成沙漠穿越活动后，学生小方的妈妈描述道："更令我意想不到的是就连吃西瓜的环节都成了钱老师进行启发教育的绝佳时机。西瓜被一刀切成两半摆上桌，鲜红的瓜肉和甘甜欲滴的汁液格外诱人，搭完帐篷的孩子们急不可耐地围上来等着分西瓜，只有小方和小叶还没有搭完帐篷，并且两个孩子看上去有点小矛盾，小方还闹起了情绪。

钱老师技高一筹，向孩子们发问：'想吃西瓜吗？'

孩子们大声回答：'想！'

钱老师又问：'怎样才能吃到西瓜？'

孩子们若有所思地回答：'大家都完成任务！'

钱老师再问：'那你们现在应该怎么办才能更快地吃到西瓜？'

话音刚落，一群孩子哗的一声散开了，转身奔向未搭完的帐篷。芝芝拍着小方的肩膀安慰他，宁宁指导小叶搭帐篷，还有几个孩子直接上手帮忙，没过多久，全队的孩子们回到桌前美滋滋地吃上了西瓜。钱老师的一句话到底有多大威力，我说不清，但是我看到了发问引发了孩子们思考，并使他们产生了积极的行动，比起说教效果好很多，这大概就是教练指导的魅力吧！"

（三）教育目标与评价

户外教育的目标简言之就是全人教育，QT项目通过教师的教学日志、家长访谈、学生的活动感想、360°的测评等主观定性评价，以及阶段性的体测、体成分测试、青少年自然领导力问卷测试、感知注意力问卷等客观定量评价相结合的方式。

通过调查发现，在12位家长中，8位家长认为户外教育对于孩子的成长非常重要，4位家长认为重要。通过图35看出，家长都认为孩子在身体素质、心理素质、精神状态、户外知识技能、习惯养成、与他人关系、与社会关系、社会服务意识、环境价值观、生活审美观等方面有更显著积极变化，尤其在身体素质、户外知识技能、与他人关系、与社会关系和环境价值观方面的认可度高达80%。

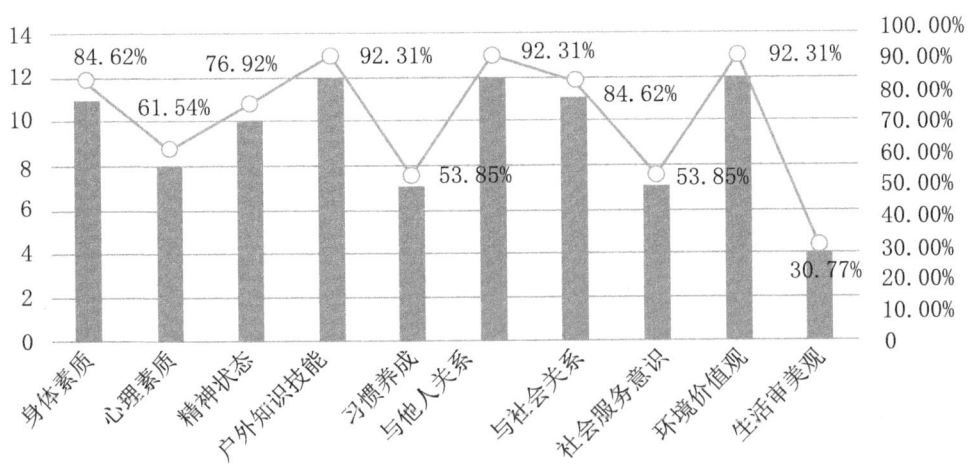

图35 QT项目教育目标与评价效果

通过表23统计发现，实验项目组在与对照组的比较中，感知力专念和青少年自然领导力均有不同程度的提高。

表 23　QT 项目组统计量

项目	组别	N	均值	标准差	均值的标准误差
感知力	实验组	8	81.1250	3.09089	1.09279
	对照组	9	76.4444	5.43395	1.81132
领导力	实验组	8	196.1250	18.47344	6.53135
	对照组	9	186.5556	9.31546	3.10515

　　表 24 和表 25 的统计结果显示，实验项目组与对照组进行独立样本 t 检验，结果发现青少年感知专念力 Sig 值提示 $p<0.05$，表明显著差别，而青少年自然领导力 Sig 值提示，$p>0.05$ 未见显著差异。分析原因，可能是实验组的样本量只有9 人，样本量数据量太小，t 检验很难通过，可以认为是 t 检验这个检验方法的问题，随着研究的不断深入，当提高样本量到 30 人左右时，实验组再与对照组的比较中，采用这种量的研究方可奏效。

表 24　QT 项目感知专念力独立样本检验

	方差方程的 Levene 检验		均值方程的 t 检验						
	F	Sig.	t	df	Sig.（双侧）	均值差值	标准误差值	置信区间 下限	置信区间 上限
假设方差相等	3.08	0.100	2.14	15	0.049	4.68	2.18	0.024	9.336
假设方差不相等			2.21	12.9	0.046	4.68	2.11	0.107	9.253

注：置信区间为差分的 95% 置信区间。

表 25　QT 项目领导力独立样本检验

	方差方程的 Levene 检验		均值方程的 t 检验						
	F	Sig.	t	df	Sig.（双侧）	均值差值	标准误差值	置信区间 下限	置信区间 上限
假设方差相等	5.19	0.038	1.37	15	0.190	9.57	6.97	−5.279	24.417

续表

	方差方程的 Levene 检验		均值方程的 t 检验						
	F	Sig.	t	df	Sig. （双侧）	均值 差值	标准误 差值	置信区间	
								下限	上限
假设方差 不相等			1.32	10.1	0.215	9.57	7.23	−6.528	25.667

注：置信区间为差分的 95% 置信区间。

表26和表27的统计结果显示，对于实验组，实验前后进行配对样本 t 检验，发现感知专念力和自然领导力 Sig 值提示 $p<0.05$，均呈现显著性差异，尤其是青少年自然领导力的思维主见、兴趣积极、宽容正直、影响力、专注自律、能力特长、经验积累和沟通能力8个维度均呈显著性差异，表明通过参加户外教育实验项目青少年自然领导和感知专念力均有显著提高。

表 26　QT 项目实验感知专念力配对样本 t 检验

均值	标准差	均值 标准误差	置信区间		t	Sig. （双侧）
			下限	上限		
4.33333	1.93649	0.6455	2.84481	5.82185	6.713	0

注：置信区间为差分的 95% 置信区间。

表 27　QT 项目实验前后自然领导力配对样本 t 检验

项目	均值	标准差	均值 标准误差	置信区间		t	Sig. （双侧）
				下限	上限		
思维主见	1.444	0.726	0.242	0.886	2.002	5.965	0
兴趣积极	1.888	0.927	0.309	1.175	2.602	6.107	0
宽容正直	1.222	1.092	0.364	0.382	2.060	3.355	0.01
影响力	1.555	0.881	0.293	0.877	2.233	5.292	0.001
专注自律	1.666	1.118	0.372	0.807	2.526	4.472	0.002
能力特长	0.888	0.781	0.260	0.287	1.489	3.411	0.009
经验积累	0.777	0.666	0.222	0.265	1.290	3.500	0.008
沟通能力	1.444	0.881	0.293	0.766	2.122	4.914	0.001
总分	10.888	2.619	0.873	8.875	12.902	12.471	0

以影响青少年学习的注意力为例进行分析，在关于感知专念力的测试中，也显示有显著性差异，与青少年自然领导力的专注自律维度结果高度一致。这说明参加户外教育项目后，学生们的感知注意力有很大提高，这与户外环境的多变，要求参与者时刻保持高度的注意力有关。

以男生小叶为例，看看户外教育如何作用于他。

教师在第 2 周的教学日记中写道："孩子们的体力整体不错，其中小叶体力最差，情绪控制能力和环境判断能力较弱，在登山开始后就哭哭啼啼，与妈妈争吵，并抱怨后悔参加这个项目，且母子关系好像并不和谐。"

教师在第 5 周的教学日志中写道："短板还是小叶，他几乎是任何一个环节、游戏、动作的弱链，我暂时将其列为'问题学生'，我希望了解一下他父母的情况和孩子的大概成长经历，他需要更精细一点的设计，否则进步的速度会很慢。"

小叶在参加完第 9 周的沙漠穿越活动后写道："当我们好不容易到达营地后，我们就开始分组搭帐篷。我和小方一组，由于我对打地钉不熟练，又急于完成，所以用了错误的方法——脚踹，结果把地钉都弄歪了。小方教我时，我还是没有马上掌握技巧，使我们组完成最慢，把小方都急哭了，宁宁和芝芝也跑过来帮助我们。当时我心里挺内疚的，我想我应该认真学习并且多练习手的灵活度和控制力。后来钱老师对我说，要把自已的工作做到最好，不要拖团队的后腿。我想我真的要多努力了，我得打败懒散、打败不认真。我很想做好！想成长！"

小叶第 19 周顶绳攀登的成绩排名第二，并且在周末的徒步活动中担任领队时非常尽职，很会照顾低年级的同学。

小叶在第 27 周重走第 2 周的徒步线路时，已经是始终保持在第一梯队的队员，不过到最后时刻，由于已经在暴风雪中行军了 8 个多小时，他的鞋子完全湿透，脚冰冷难忍，才表现出抱怨妈妈没有给他买好的户外装备的小情绪。

小叶在参加第 36 周的活动时，以第三名的成绩登顶北京最高峰东灵山，并在总结发言中说："虽然登顶了，但是我有点失落和不服气，因为龙龙竟然是第一名，我原以为我会更快呢！"

在最后进行 360°测评时，大家给他的评价："独特批判性思维，智商高、学习力强；消极对抗心态减少，平衡能力得到很大提高，生活细节改善很多"（教师）、"能主动克服困难，愿意迎难而上"（家长）、"变得更坚强，体能变强了，抱怨减少"（同学）。

三、教学实践

(一) 教师与学生

教师与学生秉持着自由平等、包容开放、共同成长的理念，再加之相处的时间比较长，项目小组逐渐成为温馨的团队，同学之间、师生之间营造一种家庭才有的平等的亲密关系。孩子们对于老师的称呼也从钱老师、钱队渐渐变为钱 sir，助教也有了昵称。孩子们之间也都很少尊称姓名，而是各有充满乐趣和正能量的绰号。当师生、同学们像家人一样相处时，会对教学产生更积极的影响，会增强这个团队的凝聚力和大家的归属感。在项目开展的第二学期，小组成员在所在班级和学校主动表明自己是 QT 项目的成员，充满了一种童真的自豪。

(二) 教学内容

教学内容分为户外项目教育和中英文经典阅读。户外项目教育分为周中项目、周末项目和小长假项目。周中项目以基础的户外基本知识、技能学习训练为主，并辅以全面的身体素质训练，每次课 2 小时，包括攀岩、抱石、校园定向、拓展、露营基数、高空挑战等户外类项目，以及团队球类、越野跑、体测等体能类项目；周末项目以自然环境中的徒步、定向、穿越、登山露营、夜爬、拓展等为主，每次课 4~10 小时不等；小长假项目开展 2~3 天的徒步露营、远征拉练等综合活动。笔者对两个学期的户外活动做了详细统计，见表 28。在 36 周内，QT 项目共组织 29 次户外拉练活动，总课时达到了 261 个，每位同学累积行走了 392.5 公里，攀升了 17783 米的海拔高度，所有孩子均成功登顶北京最高峰——海拔 2303 米的东灵山。

表 28 QT 项目 2 个学期的户外活动量统计表

总课程次数	总课时/个	总距离/公里	海拔/米			场地/个
			上升	下降	最高	
29	261	392.5	17783	18030	2303	26

(三) 教学方法

教学方法是实现教学目的的最直接的手段，是教育思想的体现，也是教师和学生良性互动的连接，更是教学智慧的体现。在户外中，好的教学方法和组织形式很容易营造出最佳受教时刻，使教学既是科学，又是艺术。

教师在教学日志中写道："轮流的领队制度对于孩子们的培养效果不错。大家都很认真，逐渐就有了领队范儿，知道关照和组织引导队员，并进行充分的沟通和换位思考。"所谓领队轮换制，就是在徒步行军中要求孩子们轮流担任领队、助理领队、押后等组织管理角色，以培养孩子们的综合能力。

"孩子们累了，行走中总是问还有多远，我就会激励他们，或者不让他们问这些问题，以磨炼他们。孩子们累了，要求休息，我通常会说还有 5 分钟就休息，让他们再坚持触碰自己的极限，这是教育和磨炼的最佳时机。"

可可的妈妈在参加一次徒步活动后写道："钱老师为这三天设计的每一个环节都没有说教，只有行动。芝芝落队了，钱老师激励她跟小叶保持不大于 3 米的距离，芝芝的双腿像装上了马达，迅速回到队伍中；在第一天的徒步中天天和望望聊性大发，影响行军速度也影响更快融入团队，钱老师规定两人距离不小于 3 米。结果在后两天的徒步中他们俩始终保持在第一梯队，也交到了更多的朋友。3 米，是个有创意且意义非凡的数字。"

（四）教学环境

在 QT 项目 36 周的户外教育中，小组成员先后接触了 26 个不同的环境，有室内、学校、公园、森林、山岳、峡谷、古迹、沙漠、黑夜、暴风雪、大风、暴雨、暴晒等，孩子们完全融入不同的环境中，得到综合训练。环境是户外的最重要元素，大自然的美丽让人震撼并且有陶冶情操的作用。针对不同的环境，我们能够实施各式各样的情境性教学，如古长城徒步属于长城古迹类线路，文化厚重感强烈，可以进行历史、人文和格局的教育。

黑夜也能成为教学利器，宁宁在总结时复述教师在夜行军时的训话："领导力就是影响力，其中一个表现就是要让你的注意力到达每一位成员身上，就像夜晚的头灯，普照到每一个人，越多的关注和关爱就会有越多的影响力和支持。领队在执行任务时，不要留有注意力和关爱的盲区，领导力和影响力就像一个光环始终动态平衡地笼罩着大家。"

陆子的爸爸在完成 3 天 65 公里的沙漠穿越后说："知识技能来自后天习得，而非天生。但我相信，意志力在我们身体中或多或少潜伏着。我们这支队伍中有12 个孩子，他们的表现是令人惊讶的。他们毫无怨言地一直跟随着领队，成为这支队伍的第一梯队，并且在到达营地后不顾疲劳、有条不紊地搭帐篷、做饭，然后又将热气腾腾的面条首先送到父母面前，所有这一切都应该让我们相信，恶劣的环境已经将孩子们潜在的意志力充分地激发了出来，这是人与自然充分互动的结果。"

（五）教学目标与反馈

每次户外教学活动都要有具体的教学目标，众多教学目标的组合就是教育目的。教学目标通常具有很强的指向性和可视性，这也使教学反馈与其高度黏合。

在第 36 周攀登北京最高峰的教学活动中，每一个孩子的目标和整个团队的目标都是一致的。距离 17 公里，攀升 1003 米，下降 1350 米。尽管结果都只是完成了这个目标，但是在晚上分享总结中，每个人却有完全不同的反馈：

强强："我到了顶峰，看到玛尼堆和经幡就赶快过去爬到玛尼堆的最高处，亲吻了一下经幡，因为我想到了前两天刚看的电影《绝命海拔》中道格登顶珠峰后，亲吻了一下经幡，结果他最终死在了山上。我在想，我能安全下山吗？于是我就一直坐在那里发呆。"

大窦："我印象最深的不是成功登顶，而是在经过遇难驴友的玛尼堆，集体默哀时，我当时在想，要是我遇到这种情况，我应该像贝尔一样，先按照原路返回，如果不行，再发信号联系救援……"

龙龙："我又是第一名，我再次证明了自己很厉害。"

可可："太难、太累了，内心各种挣扎和后悔，打死我也不会再爬这个山啦。不过每次不知道为什么还会再参加。"

陆子："只有我自己是第二次来，我一定要表现得更好，可是在攀爬最后一个大坡时，我看到亚歌他们很疲惫，我就开始给他们加油，拼命地喊'加油，加油'。虽然，我最后不是第一梯队的，但是能够帮助他们，我很开心。"

（六）安全

安全是户外教学的基础，项目将安全放在第一位，充分开展学生和家长的安全教育，指导所有成员购置专业的户外装备，并在周中户外教学中学习各种必备安全技能和知识。户外实践的项目都是充分评估队员实力和线路状况后，采取既不保守，也不冒进的折中策略。尤其是根据学生实际户外表现与测试情况，制订针对性的个人户外训练计划，比如，小叶的平衡感不好，就要求他在周中多进行抱石技术的非稳态技术练习，并要求其提高注意力，防范风险。静静在野外徒步中，有两次莫名的跌倒情况，教师团队通过分析她的体质成分、肌肉分布并进行感知注意力测试，发现她有轻微的注意力游离及腿部力量较弱的问题，不能维持上下山平衡，于是为她制订了加强下肢肌肉训练的计划，尤其是小腿肌肉，并在周中的抱石训练中，增加持续攀岩和随机指点抱石的训练。

（七）组织

基于移动互联技术的高度发展，项目有专门的微信群和云盘，使我们可以高效地组织和沟通课程计划，收集教学反馈等。比如，36 周后进入寒假，教师在群里发布一条消息："温馨提示，随着 QT 项目的不断进展，明年将会适时开展一些远征活动，为了保持体能、增进健康，现提出以下要求：寒假期间，建议每位孩子，利用业余时间，完成每周不少于两次的快走或慢跑活动，每周累积总距离不少于 3 公里，位移速度不低于 6 公里/小时（100 米/分），建议家长协助，下载运动轨迹类 APP 或购买可穿戴设备，并在每次锻炼后，将轨迹分享到群里公示，起到相互激励和监督的作用。也欢迎家长和孩子一起运动，让我们一起健康成长和生活。"这表明移动互联技术的应用，使得项目轻松形成课内外一体化、校内外一体的教育理念，做到学校和家庭良好互动。

四、遇见的困难与进阶课程的展望

（一）遇见的困难

QT 项目由于是基于理论设计的项目，在执行的过程，出现了几个问题。

第一，原计划的周中课程基于"运动改造大脑，阅读精彩思想"的理念设计，也就是每次课由 1 小时的户外教育项目和 1 小时人文素养项目组成，执行中发现教学组织、教学效果以及课程执行费用等存在不合理，于是在两周后调整为每次课 2 小时的户外教育项目或 2 小时的中英文经典阅读，调整后的效果很好。

第二，在课程进行到两个月时，一位男同学退出实验项目，原因是家长认为有风险不同意其参加 3 天 2 夜的沙漠穿越，以及与学校乐队训练时间冲突等。

第三，项目开始的半个学期里，课程设计的难度超过孩子的能力，导致出现学生的挫败和项目的不可操控性，在前两次的拓展训练中，教育效果不佳，随后根据学生水平调整项目的规则，降低执行难度，提高体验效果。

（二）进阶课程的展望

随着孩子们接受的户外教育越来越全面以及小升初等问题，项目将减少周中课程，只保留周末和小长假活动，不再以户外知识技术学习为主，而是以指导他们组建校内户外兴趣社团、协助他们组织学校周末活动为主。寒暑假带领 QT 核心成员参与更多具有社会服务和公益性质的远征类课程。项目的培养目标从以知识技术为主，转向以户外组织能力、领导能力、团队建设能力、社会服务等为主。正所谓"授人以鱼，不如授人以渔"不如"授人以渔，不如由人以渔"，QT 项目将自由选择的机会重新转让给学习者。

五、小结

本节以一个为期一年的户外教育实验项目作为案例，在研究中主要采用质的研究方法，撰文采用类属分类为主、情境分析为辅的形式，同时也采用了准实验的量化研究。遗憾的是被试样本量太少，以及被试选择并不是随机抽样，因此量的研究方法只能作为辅助来支持质的研究的结果。

基于本研究提出的户外教育理论体系，本案例从项目设计的理念、教育思想、教学实施的具体环节、教学效果的评价等方面来展示户外教育实效性和价值。本案例具有很强的借鉴价值，尤其是项目倡议重视户外教育中的人文社会能力的培养具有重要的实践指导意义。

结论与建议

第一节 结论

一、大教育观下的户外教育概念

户外教育是指一切在户外，或为了户外，或与户外相关的体育教育行为。这个概念遵循着国内外有关户外教育的研究规律，主要从与体育学相关的探险、冒险、体验式、休闲、健康的身体运动科学和体育教育学的角度分析得出，具有普遍的指导意义。

二、户外教育的理论体系

以人本主义哲学观和户外需求理论为出发点，在大教育观和终身教育思想指导下，以自然教育、建构主义教育和体验式教育为主要教育思想，以自我与他人教育，正式与非正式教育，正规与非正规教育，社会教育、学校教育与家庭教育为存在形式，在教学要素（目标、内容、参与者、环境、方法、评价与反馈）和保障要素（安全、政策、组织和人文）支持下，将户外教育的目标界定为个人的全面发展，人与自然的和谐发展，以素质教育、环保教育、生命教育、社会服务、自我挑战、团队协作等核心理念彰显户外教育的独特价值和功能。

三、我国现阶段的户外教育三位一体的实践路径

社会户外教育由行业协会、专业户外机构、民间个人与团体、个人自学与单位自导、户外文化及其他组成，其覆盖面和影响力最大。学校户外教育以课程、

社团、赛事、活动和科研的形式存在，并形成一个良性的户外教育生态圈和有生命力、活力的自组织。家庭户外教育主要由家庭内部的前喻、后喻和并喻的教育形式，以及家庭外部对家庭开展的亲子户外教育组成。家庭户外教育是最薄弱的环节，是我国户外教育和户外运动生活化的主要制约因素。

四、户外教育的案例研究

通过一个长达一年的准实验教学项目，以质的分析和定量统计相结合的案例研究方式，呈现了户外教育的具体教学实践情境，并实证了本研究提出的户外教育理论体系的有效性。

第二节　建议与展望

第一，户外教育应增加人文元素的内容，从课程设计到户外师资培养，要加大与生态教育、生物科学教育、地质教育、环境教育、人文教育等多学科领域的跨界合作。

第二，户外行业协会、教育主管部门、团中央等加强合作，制定切实有效的政策，大力扶持和引导户外教育的发展。理想的状态应该是政府购买公共服务，社会团体努力提高自身水平提供优质的户外教育。

第三，行业协会及各类主管部门要转变职能，联合做好各类户外教育组织机构的统一规范标准的管理、整个架构的顶层设计、有效监管，使户外教育资源的配置做到最优化；学校户外教育的蓬勃发展需要有国家层面的法律法规、资金支持等。

第四，继续促进科普类户外教育工作的开展，如推广户外安全教育计划、户外科学健身教育计划、户外人文教育计划、青少年户外教育普及活动等。

第五，行业协会和教育组织积极组织国内外的户外教育论坛和交流活动，引导和鼓励各类组织加大对于户外教育的研究，尤其是吸纳其他行业的优秀人员跨界研究。

第六，户外教育发展的展望。青少年户外教育、营地教育、亲子户外教育爆发式发展，成为现象级的教育业态。家庭、学校、社会户外教育的界限逐渐被打破，呈多位融合的趋势，最终户外教育逐步走向生活化。当前，我国社会户外教育的发展远优于学校户外教育和家庭户外教育，并将出现倒逼学校和政府进一步完善正规教育的户外教育体制。轻户外、微户外受到热捧，尤其是对于都市高知人群。户外教育科研将得到多样化、深层化发展，研究领域和方向呈跨学科趋势，尤其是与中国传统文化的融合研究、户外教学实践等将成为热点。

第七，本研究的后续研究应加大对于国外文献的更大范围、更深度的收集和研究；教育实验项目应不断增加被试数量，从而能够满足定量研究的分析；应加大家庭户外教育的深度研究。

访谈提纲——半结构性访谈

先生/女士：

您好！户外教育是近些年户外界发展的热点问题，您是本行业的资深从业人员，我想就我国户外教育的理论与实践问题向您请教，这也是我博士论文要着重研究的问题。本人对您的访谈只用于本人博士论文的撰写，您的回答将予以保密。再次感谢您的帮助！

1. 您如何看待我国户外运动和户外教育的区别？
2. 您认为我国户外教育的发展现状如何？
3. 您认为户外教育的主要哲学思想应该是什么？
4. 您认为户外教育的主要教育思想应该是什么？
5. 您如何理解户外教育存在的形式和实践路？
6. 您认为户外教育的价值和目标是什么？
7. 您认为哪些因素是户外教育实践的主要要素？
8. 您认为哪些因素是户外教育实践的保障？
9. 您如何看待户外教育在家庭、学校和社会三个层面的开展？
10. 请您展望一下我国户外教育发展的前景？

在以上问题访谈的过程中，适时追加以下问题：

11. 户外教育如何才能在学校系统进一步开展？
12. 我国户外教育与国外存在最大的区别是什么？
13. 我国未来的户外教育开展是否能够形成具有中国特色的理论体系与模式？
14. 请你评价和指导一下户外教育实践——QT 项目。

附录2
APPENDIX 2

德尔菲法第三轮《我国户外教育体系指标构成问卷》

编号	内容				合理性		重要性					表述存在问题
	一级主题	二级主题	三级主题	四级主题	删	留	1	2	3	4	5	
1	户外教育理论	哲学观	人本主义									
2		教育思想	大教育思想									
3			自然教育									
4			体验式教育									
5			建构主义教育									
6		教育形式	正规教育与非正规教育									
7			正式教育与非正式教育									
8			自我教育与他人教育									
9			时空概念区分	社会教育								
10				学校教育								
11				家庭教育								

续表

编号	内容				合理性		重要性					表述存在问题
	一级主题	二级主题	三级主题	四级主题	删	留	1	2	3	4	5	
12	户外教育理论	教育目标	个人的全面发展	个人								
13				社会								
14				环境								
15			人与自然的和谐发展									
16		户外教育教学要素	目标									
17			内容									
18			参与者									
19			环境									
20			方法									
21			评价与反馈									
22		户外教育保障要素	安全	教育								
23				装备								
24				技术								
25			政策									
26			组织									
27			人文/文化									
28	户外教育实践路径	社会户外教育	行业协会									
29			专业户外机构									
30			民间个人与团体									
31			个人自学与单位自导									
32			户外文化机构及其他									

续表

编号	内容				合理性		重要性					表述存在问题
	一级主题	二级主题	三级主题	四级主题	删	留	1	2	3	4	5	
33	户外教育实践路径	学校户外教育	课程									
34			社团									
35			赛事									
36			活动									
37			科研									
38		家庭户外教育	家庭内部的教育	前喻教育								
39				并喻教育								
40				后喻教育								
41			外部对家庭的教育	亲子教育								

附录3
APPENDIX 3
参与QT项目家长问卷调查

亲爱的家长：

您好！感谢您和您的孩子参与 QT 教育实验项目，并配合我们完成了两个学期，即一学年的教学课程。为了总结教学科研成果，撰写博士课题论文，现对您进行一个简单的关于户外教育效果的问卷调查，请您对本次调查如实填写，如有建议可以及时反馈。请爸爸和妈妈分别填写。再次感谢您的真诚合作！

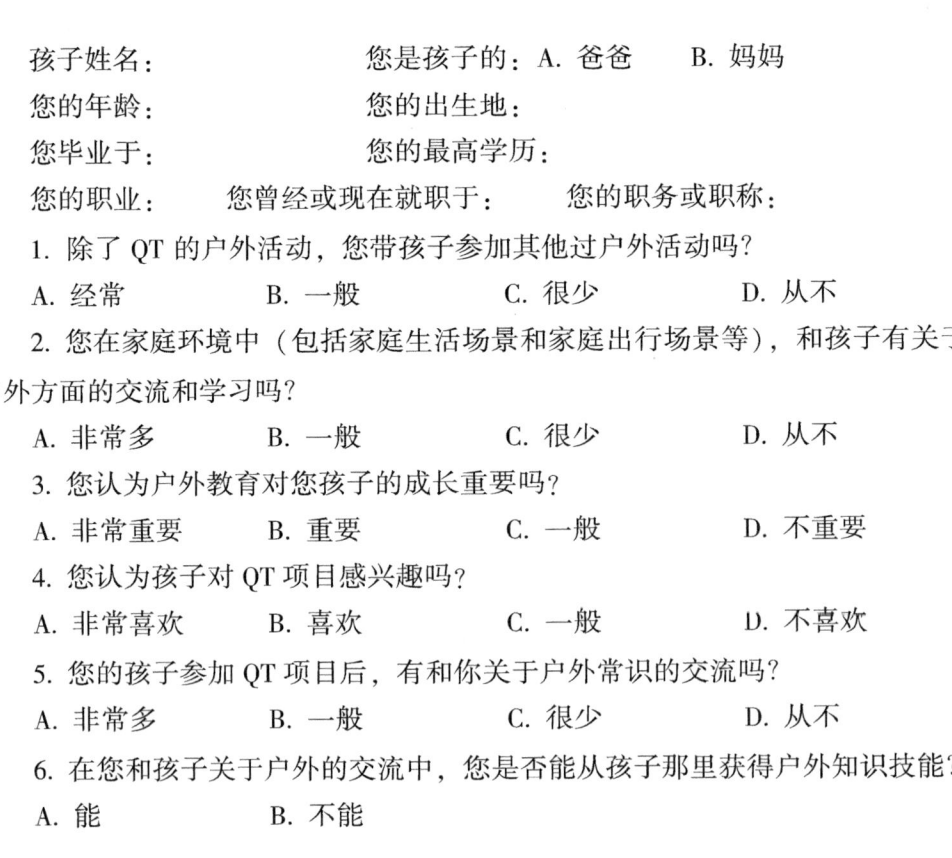

孩子姓名：　　　　　　　您是孩子的：A. 爸爸　　　B. 妈妈

您的年龄：　　　　　　　您的出生地：

您毕业于：　　　　　　　您的最高学历：

您的职业：　　您曾经或现在就职于：　　您的职务或职称：

1. 除了 QT 的户外活动，您带孩子参加其他过户外活动吗？

A. 经常　　　　　B. 一般　　　　　C. 很少　　　　　D. 从不

2. 您在家庭环境中（包括家庭生活场景和家庭出行场景等），和孩子有关于户外方面的交流和学习吗？

A. 非常多　　　　B. 一般　　　　　C. 很少　　　　　D. 从不

3. 您认为户外教育对您孩子的成长重要吗？

A. 非常重要　　　B. 重要　　　　　C. 一般　　　　　D. 不重要

4. 您认为孩子对 QT 项目感兴趣吗？

A. 非常喜欢　　　B. 喜欢　　　　　C. 一般　　　　　D. 不喜欢

5. 您的孩子参加 QT 项目后，有和你关于户外常识的交流吗？

A. 非常多　　　　B. 一般　　　　　C. 很少　　　　　D. 从不

6. 在您和孩子关于户外的交流中，您是否能从孩子那里获得户外知识技能？

A. 能　　　　　　B. 不能

7. 您的孩子参加 QT 项目后有积极的变化吗？

A. 非常有 　　　　 B. 有 　　　　 C. 一般 　　　　 D. 没有

8. 如果您认为积极的变化有哪些？（可多选）

A. 身体素质 　　　 B. 心理素质 　　　 C. 精神状态 　　　 D. 户外知识技能

E. 习惯养成（包括兴趣养成、科学素养、人文素养和自省能力等）

F. 与他人的关系（包括人际、协助成长、换位思考、亲和依赖等）

G. 与社会关系（包括角色、领导力、团队能力、问题解决能力等）

H. 社会服务意识（包括公益心、志愿行为、社会参与、社区服务等）

I. 环境价值观（包括环境感知、环境认知、环境保护和生态意识等）

J. 生活审美观（包括环境欣赏、环境亲和、环境想象和环境生活等）

9. 您认为孩子最大的变化是什么？

10. 您对 QT 项目的建议是什么？您最期待孩子有哪些变化？

参与QT项目同学测试问卷

姓名：　　　　　　　　　　　年龄：

性别：　　　　　　　　　　　填表时间：

问卷一　青少年自然领导力问卷测试

填表说明：请根据您的个人情况，用数字1~6评价自己，并在对应的数字列里打"√"（数字代表的意义：1=非常不符合；2=比较不符合；3=有点不符合；4=有点符合；5=比较符合；6=非常符合）。

序号	具体条目	1	2	3	4	5	6
1	我的思想较有深度，能提出独到的见解						
2	我遇到问题喜欢思考						
3	我能够全盘考虑问题，思考比较周到、细致						
4	我做事的方式方法新颖、灵活，不拘泥于一种形式						
5	我有主见，能向权威（教师或家长）提出不同看法，不盲从						
6	我头脑灵活，能够随机处理各种事情						
7	我的思维活跃，主意多						
8	在组织活动中，我善于调动大家的积极性						
9	我的领导意识比较强，热衷做管理工作（如指挥或主持性的工作）						
10	我的组织能力强，如在集体活动中，能主动邀请他人参加活动						

续表

序号	具体条目	1	2	3	4	5	6
11	我热情、有感染力，使大家愿意一起来为一件事情努力奋斗						
12	我积极地协助和配合教师，组织集体活动						
13	我有胆量，敢于在集体面前自发地说些号召性的话						
14	我有魄力，做事雷厉风行						
15	我有宽容心，为人豁达大度，能原谅同伴的错误行为						
16	我遇事能忍让，即使在情绪上可能不大乐意						
17	我诚实真诚，从不勾心斗角，能诚恳、虚心听取他人的意见						
18	我在需要的时候会主动作出让步，甚至牺牲自己的利益						
19	我关心集体，总是考虑自己能为集体（甚至社会）做些什么						
20	我处事公正公平，能正确客观地评价自己和他人						
21	在优秀评比中，我的得票率很高						
22	发生冲突时，即使我不在场，大家也会请我来帮忙协调						
23	同学们总是推荐我代表团队（或班级）发言						
24	我在群体中有很高的威信和号召力，大家愿意听从我的指挥						
25	在我的带领下，团队能够出色地完成集体任务						
26	在有人争执时，我能去了解情况，并成功地进行调解						
27	大家喜欢与我一起做事，而且以此为荣						
28	我勤劳勤奋						
29	我有毅力和恒心，不会半途而废						
30	我注意力集中，做事专注						
31	我自律性强，能够在很多方面约束自己						
32	我的时间观念强，凡事不拖拉						
33	我规范性强，会主动提醒和监督同伴遵守规则						
34	我有突出特长，如在体育、艺术、音乐方面有专长						
35	我的语言表达流畅、声音响亮						
36	我的身体素质较好，运动能力强，动作协调						
37	组织活动时，我善于总结他人的观点和过去的经验						
38	我能采取技巧、策略以达到自己想要的目的						

序号	具体条目	1	2	3	4	5	6
39	我模仿力强，会模仿教师或家长的说话和行为做事方式						
40	我很乐意与他人交流心中的想法						
41	对于自己不想做的事，我会委婉拒绝或提出建设性意见						
42	当与别人意见不一致或发生冲突时，我会提出有效建议来解决问题						

问卷二 青少年感知注意力问卷测试

填表说明：以下是关于我们日常经历的场景的描述，数字1~6代表发生的频率，请根据你的实际经验，而不是你认为你的经验应该是什么，在对应的数字列里打"√"（数字代表的意义：1＝非常不符合；2＝比较不符合；3＝有点不符合；4＝有点符合；5＝比较符合；6＝非常符合）。

序号	具体条目	1	2	3	4	5	6
1	我可能体验到某种情绪，但直到一段时间之后才会意识到						
2	我会因为不小心、缺乏注意或者分神想其他事而打破东西或者洒了东西						
3	我发现很难对目前正在发生的事情聚精会神						
4	我倾向于快速走去我要去的地方，而不会注意到沿途所经历的						
5	我倾向于不去留意身体上的紧张或是不舒服的感觉，直到它们真正地引起我的注意						
6	几乎就在第一次听到一个人的名字之后，我就忘记了这个名字						
7	我经常"自动无意识"地去做事，毫不留意当下在干什么						
8	我经常经历却没注意细节						
9	我过于关注我想要实现的目标，以至于我毫不留意现在为了达成目标而正在做的事						
10	自动机械地完成交代的任务，却毫不留意自己在干什么						
11	我发现我自己用一只耳朵听别人在说什么，同时在做着其他事						

续表

序号	具体条目	1	2	3	4	5	6
12	我像自动驾驶那样未经意识地去做事，然后疑惑自己为何如此做						
13	我发现自己总是想着将来或是过去的事						
14	我发现自己做事不专心						
15	我吃着零食却没有察觉到我正在吃东西						

附录5

APPENDIX 5

2015年秋季学期QT项目课程大纲

时间		活动内容	活动目的	任课教师
周四	2小时	户外教育	体能测试/攀岩/体操/拓展训练/有氧训练/定向/团队球类/身体功能训练	了解孩子的基本身体素质，如耐力、爆发力、柔韧性、灵敏性、协调性等，培养对于运动的兴趣和爱好； 采用各种训练方法，体验跑步的乐趣，如匀速跑、变速跑、接力跑、路跑、彩虹跑等； 以培养和展示个人运动能力的项目为主，主要培养自信心、毅力和自控力等，同时尽可能多地掌握和体验多种项目，如拓展、攀岩、露营、太极拳、定向运动、篮球、腰旗式橄榄球、排球等； 通过进行一定量的有氧训练、抗阻训练和抻拉训练，让孩子成为一个身体等各方面能力全面、综合均衡发展又有突出特色的全能人才； 所有项目都是培养人的载体，通过有形的运动方式，培养"无形而有神"的人格与高尚灵魂	钱老师等
周二	2小时	人文教育	中英文经典文学	精读英文经典，提高独立思维能力，头脑风暴； 团队合作兼容并蓄，初步学习英文写作； 练习及培训英文演讲； 诵读及赏析国学经典； 培养人文素养	解老师等
周末/小长假	1~3天		2天的露营、户外综合体验、徒步旅行、自然课堂等	采用自然主义、建构主义和体验式教育思想实施项目； 学习知识技术的同时，更注重培养人文素养； 如培养体能、意志品质，进行促进身体与心灵的对话，并采用领队轮流制培养领导力等，融入户外学习课堂，让学习随时随地自然发生	钱老师、解老师等

续表

时间		活动内容	活动目的	任课教师
寒暑假	7~15天	7~15天的主题远征和户外童子军拉练游学教育等	注重个人的成长（自我、社会和环境），也注重个人良好的社会服务和公益行为的培养	

注：如活动受天气等原因影响，课程组会根据具体情况做活动顺序的调整，但不会删减活动内容。

附录6

APPENDIX 6

2015年秋季学期QT项目课程表
（总第2学期）

序号	周	日期	时间	户外教育	活动地点	英文经典阅读
1	第1周	周二 （9月8日）	15：30—17：30		北京大学 活动室	《夏洛的网》概述， 第一章阅读、精讲
2		周四 （9月10日）	15：30—17：30	有氧训练、 团队破冰、 攀岩复习	北京大学第一 体育馆	
3		周六 （9月12日）	8：00—14：00	西山徒步+户外 自然，领导力初试	海淀	演讲练习
4	第2周	周二 （9月15日）	15：30—17：30		五四体育 中心教室	葛底斯堡演讲赏析 本学期演讲任务 布置 《夏洛的网》第一章
5		周四 （9月17日）	15：30—17：30	有氧训练、 攀岩学习	北京大学第一 体育馆	
6		周六 （9月19日）	8：00—12：00	团队建设—— 拓展训练		演讲练习
7	第3周	周二 （9月22日）	15：30—17：30		五四体育 中心教室	葛底斯堡演讲历 史背景 《夏洛的网》第二章
8		周四 （9月24日）	15：30—17：30	有氧训练、团队 熔炼、第二次体质 测试	五四体育中心 教室	

续表

序号	周	日期	时间	户外教育	活动地点	英文经典阅读
9	第3周	周六（9月26日）	18：00—22：00			演讲练习
10		周二（9月29日）	15：30—17：30		五四体育中心教室	《夏洛的网》第三章
11	第4周	周四（10月1日）	全天	北京周边露营	怀柔或延庆	十一假期演讲首次展示
12		周五（10月2日）	全天	北京周边露营	怀柔或延庆	十一假期演讲技巧培训
13	第5周	周二（10月6日）	15：30—17：30			
14		周四（10月8日）	15：30—17：30	拓展训练——决策能力	北京大学第一体育馆	
15		周六（10月9日）	18：00—22：00	西山徒步	海淀香山—植物园	演讲练习
16	第6周	周二（10月13日）	15：30—17：30		五四体育中心教室	《夏洛的网》第三章
17		周四（10月15日）	15：30—17：30	体成分测试、领导力等各项能力测验	五四体育中心运动人体实验室	
18		周六（10月17日）	8：00—12：00	团队精神拓展	北京大学第一体育馆	
19	第7周	周二（10月20日）	15：30—17：30		五四体育中心教室	《夏洛的网》第三章

序号	周	日期	时间	户外教育	活动地点	英文经典阅读
20	第7周	周四（10月22日）	15：30—17：30	顶绳攀岩	北京大学第一体育馆岩壁	
21		周六（10月24日）	8：00—16：00	京西古道——潭柘寺徒步	门头沟	《诗经》
22	第8周	周二（10月27日）	15：30—17：30		五四体育中心教室	《夏洛的网》第四章
23		周四（10月29日）	15：30—17：30	有氧训练、顶绳攀岩	北京大学第一体育馆岩壁	
24		周六（10月31日）	18：00—22：00	夜爬香山	海淀香山—植物园	《诗经》
25	第9周	周二（11月3日）	15：30—17：30		五四体育中心教室	《夏洛的网》第四章
26		周四（11月5日）	15：30—17：30	速度攀岩赛、腰旗式橄榄球	北京大学第一体育馆岩壁	
27		周六（11月7日）	8：00—16：00	大觉寺徒步	海淀阳台山	《诗经》
28	第10周	周二（11月10日）	15：30—17：30		五四体育中心教室	《夏洛的网》第五章
29		周四（11月12日）	15：30—17：30	速度攀岩赛、腰旗式橄榄球	北京大学第一体育馆	
30		周六（11月14日）	8：00—12：00	领导力拓展	北京大学第一体育馆	《诗经》

续表

序号	周	日期	时间	户外教育	活动地点	英文经典阅读
31	第11周	周二（11月17日）	15：30—17：30		五四体育中心教室	《夏洛的网》第五章
32		周四（11月19日）	15：30—17：30	校园定向	北京大学第一体育馆、未名湖—后湖	
33		周六（11月21日）	8：00—12：00	西山公园定向	西山森林公园	《诗经》
34	第12周	周二（11月24日）	15：30—17：30		五四体育中心教室	《夏洛的网》第六章
35		周四（11月26日）	15：30—17：30	攀岩—抱石技术进阶	邱德拔体育馆抱石厅	
36		周末（11月28日）	8：00—16：00	十三陵历史徒步	十三陵水库	《诗经》
37	第13周	周二（12月1日）	15：30—17：30		五四体育中心教室	《夏洛的网》第七章
38		周四（12月3日）	15：30—17：30	攀岩—抱石技术进阶	邱德拔体育馆抱石厅	
39		周末（12月5日）	18：00—22：00	西山徒步	海淀—石景山	《诗经》
40	第14周	周二（12月8日）	15：30—17：30		五四体育中心教室	《夏洛的网》第八章
41		周四（12月10日）	15：30—17：30	高空下降	北京大学第一体育馆	

续表

序号	周	日期	时间	户外教育	活动地点	英文经典阅读
42	第14周	周六（12月12日）	8：30—14：30	西山徒步拉练	海淀—门头沟	《诗经》
43	第15周	周二（12月15日）	15：30—17：30		五四体育中心教室	《夏洛的网》第九章
44		周四（12月17日）	15：30—17：30	抱石、定向闯关拉练	邱德拔体育馆抱石厅	
45		周六（12月19日）	8：30—12：30	圆明园团队定向	圆明园	《诗经》
46	第16周	周二（12月22日）	15：30—17：30		五四体育中心教室	《夏洛的网》第九章
47		周四（12月24日）	15：30—17：30	抱石、沟通力拓展	邱德拔体育馆抱石厅	
48		周六（12月26日）	7：30—19：30	北京之巅徒步	门头沟灵山	《诗经》
49	第17周	周二（12月29日）	15：30—17：30		五四体育中心教室	《夏洛的网》第十章
50		周四（12月31日）	15：30—17：30	攀岩—抱石	邱德拔体育馆抱石厅	
51		周六（1月2日）	8：30—12：30	创新力拓展	邱德拔体育馆	《诗经》
52	第18周	周二（1月5日）		机动		

续表

序号	周	日期	时间	户外教育	活动地点	英文经典阅读
53	第18周	周四（1月7日）		机动		
54		周六（1月9日）		机动		
55	第19周	周二（1月12日）	15：30—17：30		五四体育中心教室	《夏洛的网》第十章
56		周四（1月14日）	15：30—17：30	攀岩考核	邱德拔体育馆抱石厅	
57		周六（1月16日）	全天	桃源仙谷攀冰体验	怀柔桃源仙谷	演讲展示—精彩担当的我们
58		周日（1月17日）	全天	桃源仙谷攀冰体验	怀柔桃源仙谷	演讲展示—精彩担当的我们

1. 周中课程课时

（1）户外教育，共17次，每次2小时，合计34小时；

（2）中英文经典阅读，共18次，每次2小时，合计36小时。

具体教学内容分布如下表：

项目	攀岩—抱石	拓展训练	有氧训练	定向运动	球类运动	体测	高空挑战	露营	其他
次数	11	4	4	2	2	2	1	1	0

注：一次户外课程中，可能会出现1~3个不同的项目。

2. 周末课程课时

18次，每次课程由户外教育实践和英语、国学经典学习或演讲组成，课时合计 118~126 小时。

具体户外体验项目分布如下表：

项目	徒步—自然的修炼	拓展—团队精神	夜爬—领导力培养	定向—有氧与决策	露营—综合历练	攀冰—勇气与探索
次数	6	4	4	2	1（2天）	1（2天）